Rifaat Abdalla

Um quadro de interdependência de infra-estruturas para a gestão de catástrofes

ScienciaScripts

Imprint

Cover image: www.ingimage.com

This book is a translation from the original published under ISBN 978-620-2-31105-2.

Publisher:
Sciencia Scripts
is a trademark of
Dodo Books Indian Ocean Ltd. and OmniScriptum S.R.L publishing group

120 High Road, East Finchley, London, N2 9ED, United Kingdom
Str. Armeneasca 28/1, office 1, Chisinau MD-2012, Republic of Moldova, Europe
Printed at: see last page
ISBN: 978-620-8-36012-2

Rifaat Abdalla

Um quadro de interdependência de infra-estruturas para a gestão de catástrofes

Resumo

O domínio emergente da gestão de catástrofes exige metodologias que permitam um acesso eficiente e fiável aos dados espaciais antes, durante e após as catástrofes. O acesso atempado e a partilha de informações precisas para além das fronteiras organizacionais, com o objetivo de proteger a vida e a propriedade, provou ser um desafio em muitas catástrofes recentes. O objetivo desta dissertação é utilizar métodos de investigação interdisciplinares para estabelecer um novo quadro de três níveis para a utilização da interoperabilidade dos SIG na gestão de catástrofes, com ênfase na interdependência das infra-estruturas.

O primeiro nível deste quadro analisa exaustivamente as operações de gestão de emergências e conceptualiza o papel do SIG centrado na rede quando se lida com catástrofes. A análise operacional comparativa é utilizada para elucidar os desafios que se colocam às operações de gestão de emergências. É dada ênfase à utilização da interoperabilidade dos SIG em Toronto, na região de Kitchener Waterloo, no condado de Dufferin e na cidade de Vancouver.

O segundo nível apresenta o novo conceito de Interdependência de Infra-estruturas com Base na Localização (LBII) e como este pode ser utilizado como um conceito de gestão de emergências que ajuda os decisores a lidar com a complexa questão da interdependência de infra-estruturas. É utilizado um cenário de um sismo em Vancouver para demonstrar como o conceito LBII pode ser utilizado para fornecer conhecimentos sobre a interdependência espacial e funcional das infra-estruturas.

O terceiro e último nível utiliza informações de gestão de emergências recolhidas de uma inundação simulada do rio Humber associada ao furacão Hazel na conceção e implementação de uma base de conhecimentos espaciais para a interdependência de infra-estruturas. A base de conhecimentos resultante fornece aos decisores informações sobre a preparação, a resposta e a atenuação.

Esta dissertação contribui para o domínio da gestão de catástrofes, introduzindo o novo conceito de LBII e sintetizando diferentes técnicas de SIG centradas em redes num quadro único, independente da escala e da localização, que é total ou parcialmente transferível especificamente para a gestão de catástrofes.

Aos meus pais, que me ensinaram a procurar a excelência, a não
conhecer limites e a ambicionar
grandes coisas.
À minha mulher e aos meus filhos que me ensinaram que "a vida são
objectivos e papéis", a melhor lição que
nunca esquecerei para o resto da minha vida.

Agradecimentos

C. Vincent Tao, pelos seus valiosos comentários, sugestões construtivas e críticas positivas ao longo do meu estudo. Gostaria de agradecer aos membros do meu comité de supervisão, o Prof. Qiuming Cheng e o Prof. S. Harris Ali, pelo seu contínuo encorajamento e apoio. Huyai Wu, do National Key Lab for Information Engineering in Surveying, Mapping and Remote Sensing (LIESMARS), China, por ter supervisionado parte do meu trabalho.

O crédito e a gratidão vão para a minha mulher Zeinab e para os meus filhos M. Osman e Murtada por me terem dado todo o apoio durante os meus estudos. O apoio e a motivação dos meus pais, dos meus irmãos e da minha irmã foram muito importantes para mim e constituíram a minha força motriz.

Slobodan Simonovic da Universidade de Western Ontario, John Galea e Mike Morton da Emergency Management Ontario, Bob Gaspirc da cidade de Toronto, Bruce Hunter da região de Waterloo, Yasir Elawad da Universidade de Regina, Ihab El Attar da ESRI Canada e Ron Martin da cidade de Vancouver. A assistência de Trudy Bodak, a bibliotecária de mapas da Universidade de York, é muito apreciada. O crédito especial vai para o Canada Centre for Remote Sensing (CCRS), Statistics Canada, a Cidade de Vancouver, a Cidade de Toronto, DMTI Inc., Natural Resources Canada (NRCan) por fornecerem conjuntos de dados valiosos.

Estou muito grato pelos prémios do Conselho de Investigação em Ciências Naturais e Engenharia do Canadá (NSERC), do Ministério da Educação do Ontário, do Centro de Excelência em Geomática para Decisões Informadas

(GEOIDE), do Setor de Ciências da Terra do NRCan (NRCan-ESS), do Ministério do Ambiente do Canadá, do Ministério da Investigação e Desenvolvimento da Defesa do Canadá (DRDC) e dos Centros de Excelência do Ontário (CRESTech).

A assistência e o apoio da administração do programa de pós-graduação em Ciências da Terra e do Espaço (ESS) são altamente valorizados, nomeadamente: Professor Tony Szeto e Professor Peter Taylor, antigo e atual Diretor do ESS, Sally Marshall e Vladka Soltesz no Gabinete de Ciências da Terra e do Espaço. Sudhakar Joshi, do Departamento de Física da Universidade de York, são muito apreciados.

Agradeço aos meus amigos do programa de pós-graduação em Ciências da Terra e do Espaço, em particular a Mahmoud Abd El-Gelil e Mohamed El-Diasty, por terem partilhado muitos dos altos e baixos, stress e prazer ao longo dos últimos quatro anos. Agradeço o apoio dos actuais e antigos membros e colegas do laboratório GeoICT de York. Em particular, gostaria de agradecer a Bjorn Prenzel, antigo diretor-geral do GeoICT Lab. Agradecemos aos membros do grupo, aos investigadores associados e aos bolseiros de pós-doutoramento do GeoICT lab de York.

Índice

CAPÍTULO 1	10
CAPÍTULO 2	22
CAPÍTULO 3	55
CAPÍTULO 4	67
CAPÍTULO 5	92
CAPÍTULO 6	123
CAPÍTULO 7	158
CAPÍTULO 8	165

Lista de acrónimos

2D	Two-Dimensional
3D	Three-Dimensional
ArcGIS	Software for GIS analysis
ArcView	Software for GIS analysis
ASCII	American Standard Code for Information Interchange
BC	British Colombia
BMP	Bitmap Graphic Picture
CAD	Computer Aided Design
CGDI	Canadian Geospatial Data Infrastructure
CI	Critical Infrastructure
DBMS	Database Management Systems
DEM	Digital Elevation Model
DMTI	DMTI Spatial™ is a software and data company located in Toronto
DSS	Decision Support Systems
EC	Environment Canada
ECOMM	Emergency Communications Centre for Southwestern British Columbia.
EMA	Emergency Management Australia
EMO	Emergency Management Ontario
EMS	Emergency Medical Services
EOC	Emergency Operations Center
ESRI	Environmental Research Institute
EU	European Union
FEMA	Federal Emergency Management of the United States
GDP	Gross Domestic Product
GeoICT	Geospatial Information and Communication Technology
GeoServNet	3D Analysis and Visualization Software Produced by GeoICT Lab
GIF	Graphics Interchange Format
GML	Geographic Markup Language
GPS	Global Positioning System
GSC	Geological Survey of Canada
GSN	GeoServNet
GTA	Greater Toronto Region
GVRD	Greater Vancouver Regional District

HAZUS	Hazard US. A risk assessment software produced by FEMA
HAZUS-MH	Hazard US Multi Hazard. A new version of HAZUS
HEC-GeoRAS	ArcView extension for analysis of HEC-RAS models
HEC-RAS	Hydraulic Engineering Center - River Analysis System (software by US corps of Engineers
HTTP	Hyper Text Transfer Protocol
IKI	Internet Information System for Disaster Control
IKONOS	Remote Sensing Satellite that produces High Resolution Imagery
IMS	Internet Map Server
ISDR	International Strategy for Disaster Risk Reduction
IT	Information Technology
JIIRP	Joint Infrastructure Interdependency Research Project
JPEG	Joint Photography Experts Group
KB	Knowledgebase
LBII	Location-based Infrastructure Interdependency
M&S	Modeling and Simulation
MMI	Modified Mercalli Intensity scale for measuring earthquakes
NCIAP	National Critical Infrastructure Assurance
NRC	National Research Council of the US
NTDB	National Topographic Database
OCIPEP	Office of Critical Infrastructure Protection and Emergency Preparedness
OGC	OpenGIS Consortium
PGA	Percentage Ground Acceleration
PGV	Percentage Ground Velocity
PNM	Portable Any Map Graphic format
POC	Points of Concern
PSEPC	Public Safety and Emergency Preparedness Canada
RCMP	Royal Canadian Mounted Police
RDBMS	Relational Databse Management Systems
RS	Remote Sensing
SARS	Severe Acute Respiratory Syndrome
SDSS	Spatial Decision Support Systems
TIFF	Tagged Image File Format
TIN	Triangular Irregular Network
TRCA	Toronto Region Conservation Authority
UML	Unified Modeling Language

UNISDR	United Nations International Strategy for Disaster Risk Reduction
US	United States
WCS	Web Coverage Service
WFS	Web Feature Service
WMS	Web Map Service
WSC	Water Service Canada. A division of Environment Canada
XML	Extensible Markup Language

CAPÍTULO 1

1. Introdução

"Investigar é ver o que toda a gente já viu e pensar o que mais ninguém pensou"
Albert Szent-Gyorgyi, Prémio Nobel da Medicina de 1937

1.1 Justificação

Durante a última década, foi dada uma ênfase considerável à abordagem das questões de gestão de catástrofes relacionadas com infra-estruturas críticas. Os Sistemas de Informação Geográfica (SIG) oferecem uma grande variedade de ferramentas e funcionalidades que proporcionam uma modelação eficiente, visualização e capacidades de apoio à decisão para a gestão de catástrofes. Isto permitiu que o SIG surgisse como uma tecnologia de tomada de decisões relativamente nova e eficaz. Zerger e Smith (2003) indicaram que as limitações anteriores relacionadas com os dados do SIG, o software e o hardware do SIG já não constituem obstáculos quando se abordam as necessidades e requisitos da gestão de catástrofes e emergências. Trudeau (2004) e Rinaldi (2003) discutiram a necessidade de uma melhor compreensão da forma como as interdependências entre sistemas de infra-estruturas críticas podem ser modeladas e simuladas.

Esta dissertação relata uma abordagem de pesquisa inovadora que tem focado na síntese de várias técnicas e abordagens de SIG para utilização pelos decisores da gestão de desastres. Os resultados desta pesquisa fornecem uma nova e valiosa contribuição para o tema do SIG na gestão de desastres.

1.2. Declaração do problema

McBean (2005) mostrou que a devastação resultante de catástrofes naturais e de origem humana está a aumentar todos os dias devido ao facto de o "estilo de vida" da humanidade estar a mudar. As comunidades actuais são extensas e complexas, deixando uma considerável "pegada humana" de intervenção e alteração no ambiente. Como resultado, as catástrofes naturais (por exemplo, inundações) podem ocorrer onde não são esperadas. De acordo com o Public Safety and Emergency Preparedness Canada 'PSEPC' (2005), entre 1996 e 1997 o Canadá perdeu um total de 2,5 mil milhões de dólares devido a apenas dois acontecimentos. A inundação de Saguenay no Quebeque (1996) causou a morte de 10 pessoas, a evacuação de 15 000 pessoas e perdas de 1,5 mil milhões de dólares; enquanto a inundação do rio Red em Manitoba (1997) causou a morte de quatro pessoas, a evacuação de 25 000 pessoas e perdas de 1,0 mil milhões de dólares.

Esta dissertação fornece respostas únicas às seguintes três questões importantes: (1) "Os nossos decisores em matéria de gestão de emergências estão preparados para tirar partido das funcionalidades essenciais dos SIG, em especial a interoperabilidade, a fim de melhorar o(s) seu(s) processo(s) de tomada de decisões?"; (2) "Como pode a funcionalidade dos SIG ajudar os decisores a melhorar o seu processo de tomada de decisões?"; e (3) "Em que medida pode uma base de conhecimentos espaciais ser eficaz para lidar com questões relacionadas com a interdependência das infra-estruturas durante as emergências?"

Numa tentativa de responder a estas três questões, esta dissertação utiliza uma abordagem inovadora, baseada em cenários, que utiliza vários cenários simulados do tipo "e se?

1.3. Objectivos

Com base na declaração do problema acima mencionado, o principal objetivo desta investigação é utilizar métodos de investigação interdisciplinares (Hickey e Nitschke 2005), para explorar a utilização do SIG centrado na rede como uma tecnologia central nas operações de gestão de catástrofes. Isto implica identificar as lacunas que impedem o uso efetivo da tecnologia na gestão de desastres; e segundo, implica sugerir metodologias integradas que melhoram a eficácia com que a tecnologia é utilizada. Além disso, esta investigação também tem como objetivo apresentar a conceção e a implementação de um exemplo de base de conhecimentos espaciais específicos para a gestão de catástrofes.

Como um todo, esta dissertação tem como objetivo fornecer o quadro teórico e validá-lo com estudos de caso. Os exemplos demonstrados fornecem uma solução nova e acessível que pode ser prontamente utilizada e aproveitada pelos decisores da gestão de catástrofes. Esta dissertação cumpre os cinco objectivos seguintes:

1- **Pesquisar como são conduzidas as operações de gestão de emergências no Canadá**: Este objetivo é alcançado através da utilização de amostras selecionadas / estudos de caso de Ontário e da Colômbia Britânica. Isto requer uma análise completa do sistema canadiano de gestão de emergências, análise da legislação provincial de gestão de emergências e investigação de várias práticas operacionais de gestão de emergências canadianas. São utilizados vários métodos de investigação teóricos para concetualizar os processos de gestão de emergências, com ênfase nos de Ontário.

2- **Investigar o grau de preparação dos decisores da gestão de emergências para utilizar a interoperabilidade SIG como ferramenta de coordenação:** É utilizado um questionário, com foco inicial em: (a) concetualizar o papel da interoperabilidade SIG nas operações de gestão de emergências; (b) avaliar a prontidão versus usabilidade da interoperabilidade SIG.

3- **Testar a usabilidade da interoperabilidade SIG:** Utilizar estudos de casos para avaliar os pontos fortes e fracos que a interoperabilidade dos SIG pode trazer à comunidade de gestão de catástrofes e emergências.

4- **Fornecer um exemplo de utilização de SIG centrado na rede para modelação e visualização de interdependências de infra-estruturas durante situações de emergência:** Este quadro fornece uma análise funcional do SIG na modelação da interdependência de infra-estruturas e demonstra funções selecionadas através de um estudo de caso.

5- **Fornecer a conceção e a implementação parcial de uma base de conhecimentos espaciais para a gestão de catástrofes:** Inclui um estudo das necessidades e requisitos para o desenvolvimento de uma base de conhecimentos de gestão de emergências com ênfase na interdependência de infra-estruturas.

1.4. Âmbito de aplicação

A abordagem inovadora adoptada centra-se principalmente nos dois aspectos seguintes: 1) análise qualitativa da usabilidade da interoperabilidade do SIG na gestão de desastres; e 2) sínteses de abordagens baseadas em SIG centradas em rede na simulação e na derivação de uma base de conhecimento específica para os decisores. A ênfase é colocada na passagem da concetualização da necessidade de SIG na gestão de desastres para a abordagem dessas necessidades a uma escala micro através do conceito de Interdependência de Infra-estruturas baseada na Localização (LBII); e, no último passo, na conceção parcial e implementação de uma base de conhecimento espacial para modelar as relações baseadas na localização na interdependência de infra-estruturas. Esta abordagem é poderosa, inovadora, multinível e transferível, independentemente da natureza do evento ou da sua localização geográfica.

1.5. Abordagem

Esta dissertação segue uma estratégia pioneira que sintetiza métodos de investigação interdisciplinares. O foco no primeiro nível é a concetualização de como a modelação SIG pode ser usada na gestão de desastres. O segundo nível envolve o aprofundamento desta dissertação através da exploração de técnicas de modelação e simulação SIG para a Interdependência de Infra-estruturas Baseadas na Localização (LBII), a fim de determinar como estas técnicas podem ser melhor utilizadas neste aspeto. O terceiro e último nível implica a conceção e a implementação de uma base de conhecimentos e de um modelo de dados genéricos, baseados em eventos, para a interdependência de infra-estruturas que podem ser utilizados para modelar qualquer evento de emergência. A Figura 1-1 ilustra a abordagem de investigação interdisciplinar integrada adoptada nesta dissertação.

1.6. Contribuição

A gestão de catástrofes e emergências emergiu recentemente como um novo domínio de estudo interdisciplinar Carter (2002); Schneid e Collins (2001). Os ataques de 11 de setembro de 2001 nos Estados Unidos, o surto de SARS em Toronto e o apagão de agosto de 2003 em partes do sul de Ontário, no Canadá, e em partes do norte de Nova Iorque, nos Estados Unidos, demonstraram claramente a necessidade real de uma investigação abrangente no domínio da interdependência das infra-estruturas. A utilização de um SIG centrado na rede para modelizar e simular as complexas interdependências entre infra-estruturas críticas com base na localização geográfica é um novo tema de investigação. Traudeu (2004) indicou que existe uma necessidade real de ferramentas e abordagens que possam lidar com os problemas altamente complicados e semiestruturados incorporados nas interdependências de infra-estruturas críticas. A contribuição desta dissertação é resumida de seguida.

1.6.1. Síntese de diferentes metodologias baseadas em SIG

Esta dissertação sintetiza diferentes técnicas e abordagens de investigação que aplicam os SIG à gestão de catástrofes. Isto é feito através do uso de pesquisa de avaliação de necessidades (Garofalo 2006) para determinar a prontidão dos decisores para utilizar a interoperabilidade SIG. Isto é então sintetizado através do uso de estudos de caso que examinam as questões de modelação, análise e visualização baseadas no espaço e simulação de gestão de desastres, a diferentes níveis. A Secção 3.2 e a Figura 1-1 descrevem a abordagem de síntese do conhecimento adoptada nesta dissertação.

1.6.2. LBII-Focada

Esta dissertação introduz o novo conceito de interdependência de infra-estruturas baseada na localização. Este conceito localiza o tipo geográfico de interdependência de infra-estruturas através da identificação de sectores de infra-estruturas críticas co-localizados num determinado domínio espacial. Análise da interconexão espacial complexa com base na extensão espacial de cada sector. O Capítulo 5 apresenta pormenores sobre a abordagem adoptada.

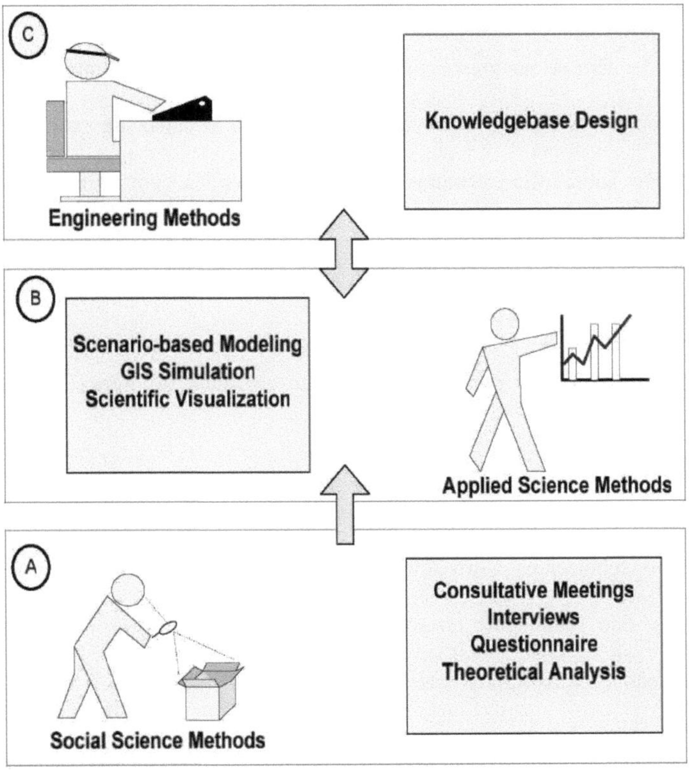

Figura 1-1. Abordagem integrada de investigação interdisciplinar adoptada nesta dissertação; (A) Métodos das Ciências Sociais. (B) Métodos das Ciências Aplicadas. (C) Métodos de Engenharia.

1.6.3 Base de conhecimentos escalável

Esta dissertação é significativa na medida em que propõe a conceção de uma base de conhecimentos para incorporar um modelo de dados multinível e multi-setorial. A abordagem adoptada é unificada, escalável e neutra em termos sectoriais, podendo ser escalada para aplicação a outros sectores. Assim, no futuro, a abordagem pode ser alargada a outros contextos e cenários multi-sectoriais. As fontes de informação e de modelos para a gestão de emergências não estão limitadas a intervenientes e membros individuais. Muitas vezes, as informações estão distribuídas por vários locais e centros de dados e as decisões baseadas nessas informações têm de ser tomadas em colaboração num contexto multiutilizador e multiparticipante. Assim, o novo sistema não só é capaz de reunir dados e informações sobre infra-estruturas altamente distribuídas, como também suporta o acesso em rede.

1.7. Esboço da dissertação

Esta dissertação está dividida em oito capítulos. A Figura 1-2 mostra a estrutura da dissertação.

Capítulo 1- Introdução: Este capítulo descreve os fundamentos e a motivação subjacentes à investigação e apresenta um enunciado conciso do problema. São igualmente abordadas as questões secundárias decorrentes da investigação. Este capítulo descreve os objectivos da investigação e apresenta uma breve panorâmica da abordagem e da estrutura e composição da tese.

Capítulo 2- Contexto e Conceitos Básicos: Este capítulo estabelece o contexto da dissertação e fornece informações básicas sobre a gestão de desastres e a interdependência de infra-estruturas. Também fornece informações sobre a hierarquia do processo de tomada de decisões de gestão de emergências no Canadá, com ênfase no Ontário. Além disso, aborda conceitos básicos relacionados com a história do SIG temporal, abordagens e questões de investigação actuais. Por último, este capítulo aborda princípios e conceitos de interoperabilidade SIG e normas de interoperabilidade.

Capítulo 3- Resumo dos métodos: Este capítulo fornece uma visão geral da metodologia utilizada na investigação, centrando-se na abordagem baseada na síntese e nos três principais níveis utilizados (ou seja, processos de modelação concetual, lógica e física).

Capítulo 4 - Desafios da aplicação para a interoperabilidade dos SIG: Este capítulo analisa os desafios da implementação de um SIG eficaz baseado na Internet para a gestão de catástrofes e emergências, com ênfase nos sectores das infra-estruturas críticas. Neste capítulo, é utilizado um conjunto de métodos de investigação qualitativa para recolher informações junto dos decisores envolvidos nos processos de gestão de emergências. A segunda parte do capítulo apresenta um estudo de caso baseado num cenário simulado, que foi simulado para demonstrar como os gestores de emergências podem utilizar meios interoperáveis de SIG centrados na rede para um processo de tomada de decisões eficaz.

Capítulo 5- Interdependência das infra-estruturas baseadas na localização (LBII): Este capítulo introduz e fornece uma discussão detalhada do novo conceito de Interdependência de Infra-estruturas com Base na Localização (LBII). Neste capítulo, são abordadas questões relacionadas com a modelação e visualização de cenários de gestão de catástrofes. É utilizado um estudo de caso de simulação de um terramoto em Vancouver para demonstrar o conceito.

Capítulo 6 - Base de conhecimentos espaciais para a interdependência de infra-estruturas: O cenário da inundação do rio Humber associada ao furacão Hazel em 1954 em Toronto é utilizado para fornecer conhecimentos específicos para a gestão de catástrofes. Este capítulo centra-se no processo de transferência de informação de simulação de cheias para uma base de conhecimentos para a gestão de catástrofes, com particular interesse na interdependência de infra-estruturas. As questões relacionadas com a conceção lógica e física da base de conhecimentos são discutidas neste capítulo.

Capítulo 7- Conclusões: Neste capítulo, são apresentadas as conclusões e é feita uma breve discussão sobre as limitações associadas às técnicas adoptadas.

Capítulo 8 - Visão da investigação sobre a interdependência das infra-estruturas: Este capítulo apresenta uma visão para a investigação futura em matéria de interdependências de infra-estruturas críticas. Neste capítulo, é apresentada uma agenda de investigação que propõe a exploração pormenorizada do novo tema de investigação em matéria de interdependência de infra-estruturas.

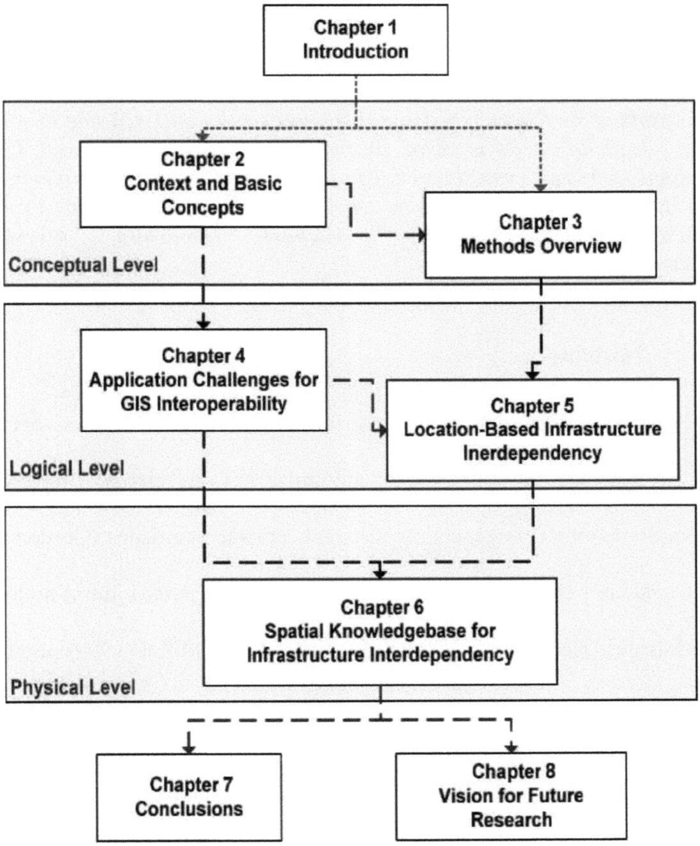

Figura 1-2. Estrutura e componentes da dissertação.

CAPÍTULO 2

2. contexto e conceitos básicos

"Como *explicar os fenómenos geográficos através da aplicação de métodos de análise adequados e de modelos de processos físicos e humanos? Em que circunstâncias é que o cientista está disposto a confiar em dados que não recolheu e será que a crescente capacidade tecnológica de partilhar dados científicos através da Internet... os vai alterar? "* ***Michael Goodchild, investigador pioneiro em SIG***

2.1. Introdução

A Gestão Global de Emergências (GEC) é um conceito que assegura que todos os aspectos da antecipação, minimização dos riscos, preparação e recuperação de uma emergência são sistematicamente abordados (Gordon 2002). Não há nenhum país, nenhuma comunidade e nenhuma pessoa imune ao impacto das catástrofes (Haddow et al. 2006). De acordo com Mileti (1999), muitas das perdas causadas por catástrofes são previsíveis, o que as torna até certo ponto controláveis. Os processos efectivos de gestão de catástrofes ajudam a reduzir a devastação e os elevados custos das catástrofes. Este capítulo examinará primeiro as catástrofes, explorando o quadro geral do processo de gestão de catástrofes, concentrando-se nos elementos da GEC. Em segundo lugar, este capítulo fornecerá detalhes aprofundados sobre a interdependência das infra-estruturas críticas. Em terceiro lugar, este capítulo também discutirá questões relacionadas com os SIG temporais e a interoperabilidade dos SIG, com ênfase nas aplicações de gestão de catástrofes.

2.2 Gestão de catástrofes

Stallings (2002) indicou que não existem métodos específicos de pesquisa que são únicos para o campo da gestão de desastres. Durante muitos anos os efeitos, impactos e

As questões relacionadas com a proteção contra catástrofes têm sido objeto de muitos investigadores, incluindo Levy e Gopalakrishnan (2005); Murthy (2004); Palm et al. (1990); Schneid e Collins (2001); Steeler (1991); Tierney et al. (2001); Wisner (1995). De acordo com Quarantelli (1993) e Rubin (2000), as catástrofes modernas são fenómenos complexos e diversos com um maior potencial de impacto adverso. McEntire et al. (2002) indicaram que a definição exacta da catástrofe é uma das primeiras questões que resultam da investigação. Muitos investigadores, incluindo Britton (1986); Dynes (1970); e Streeter (1991) têm-se esforçado por definir catástrofe. Embora os desastres tenham o resultado comum de deixar para trás devastação e perda, não existe uma definição exacta para o termo "desastre". O objetivo principal da gestão de catástrofes é eliminar ou minimizar a perda de vidas e bens, assegurar as necessidades básicas e garantir a continuidade das actividades. Os requisitos básicos da gestão de catástrofes só podem ser alcançados através de esforços interdisciplinares.

2.2.1. Perigo e Risco no Contexto da Gestão de Desastres

De 1990 a 2005, 6,4% da população do Canadá foi evacuada devido a catástrofes resultantes de perigos naturais (PSEPC 2006). A capacidade de abordar o risco é um elemento-chave na gestão de catástrofes. Aven (2003) indica que precisamos de identificar e categorizar o risco para fornecer apoio à decisão relativamente à escolha de disposições e medidas. A definição de risco e perigo como termos técnicos de uma perspetiva de gestão de desastres é crucial (Short e Clarke 1992). De acordo com McEntire et al. (2002) e Godschalk (1991), a incorporação de todos os perigos no processo de gestão e planeamento de desastres é um ponto forte chave quando se aborda a gestão de desastres numa perspetiva de Gestão Abrangente de Emergências (CEM). Isto permite que o perigo e a vulnerabilidade sejam vistos como um somatório de uma variedade de condições que definem a exposição física e social, a resiliência às catástrofes, a prevenção da atenuação ou preparação e a resposta pós-evento (Cross 2001).

Um perigo natural pode evoluir para se tornar uma catástrofe quando afecta uma população humana exposta e vulnerável (Uitto 1998). A Figura 2-1 mostra o processo de evolução de uma catástrofe e a reação humana em cada fase. Como mostra a figura, a reação humana pode ser negativa, sob a forma de vulnerabilidade, ou pode ser positiva, sob a forma de capacidade para fazer face à catástrofe. Com base no processo de evolução do perigo, as metodologias de avaliação do risco tornam-se um fator chave nas operações de gestão de catástrofes. Ferrier e Haque (2003) propuseram um quadro padrão para a avaliação de risco para aplicação por uma gama diversificada de decisores. O quadro proposto baseia-se na estimativa quantitativa numérica da vulnerabilidade e na atribuição de uma pontuação graduada a determinados perigos com base na sua ocorrência histórica. A metodologia de Ferrier e Haque (2003) é semelhante à metodologia padrão adoptada pela província de Ontário, conhecida como Metodologia de Identificação de Perigos e Avaliação de Riscos (HIRA) Emergency Management Ontario 'EMO' (2003). De acordo com o protocolo HIRA, pode ser estabelecida uma grelha de vulnerabilidade com base numa pontuação padrão atribuída aos perigos em cada comunidade, com base em registos históricos e na vulnerabilidade da comunidade. Hartmann et al. (2004) introduzem um novo conceito de gestão da resposta a catástrofes baseado na Internet e na disseminação de informação espacial para dispositivos móveis. Através deste conceito, integraram a avaliação do risco na gestão da resposta a catástrofes e forneceram uma estratégia para evitar o impacto das inundações nas comunidades.

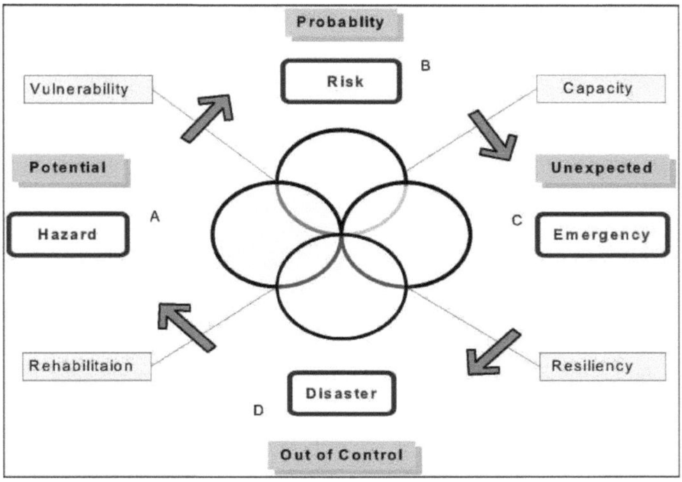

Figura 2-1. Fases da evolução de uma catástrofe: (A) Perigo; (B) Risco; (C) Emergência; e (D) Catástrofe.

A Emergency Management Australia 'EMA' (2002) desenvolveu um protocolo normalizado de avaliação de riscos com base na comunidade. Este quadro baseia-se em seis elementos principais, como se mostra na Figura 2-2 e se discute de seguida:

1- **Contexto do risco:** A primeira fase está relacionada com o estabelecimento do contexto do risco. Nesta fase, são examinadas as questões relacionadas com o problema em causa e com a abordagem para o resolver.

2- **Perigo Vulnerabilidade:** A segunda fase consiste em identificar os riscos em termos de perigo e vulnerabilidade.

3- **Análise de risco:** A terceira fase deste processo é - "análise de risco". Nesta fase, são utilizadas ferramentas de análise de problemas, como o "processo de modelação", para analisar os riscos associados ao problema identificado na primeira fase.

4- **Avaliação dos riscos:** A quarta fase é a "avaliação do risco", na qual os riscos são classificados por ordem de prioridade e comparados com os critérios de avaliação do risco. Os limiares de risco também são estabelecidos nesta fase.

5- **Comunicação:** A última fase deste processo lida com o tratamento dos riscos de acordo com o resultado da avaliação. Os resultados obtidos da fase de avaliação de risco serão comunicados às comunidades envolvidas para permitir-lhes implementar o plano de gestão de desastres.

2.2.2. Elementos da gestão global de emergências (GCE)

Freeman et al. (2003) indicam que a complexidade da interação entre os ambientes humano e natural torna a necessidade de abordar as causas das perdas por catástrofes uma questão muito importante. Um sistema abrangente de gestão de emergências é composto pela interação das instituições, mecanismos financeiros, regulamentos e políticas que constituem a abordagem de um país à gestão do risco de catástrofes (Carter, 1991). Os elementos de uma gestão abrangente de desastres serão discutidos nesta secção.

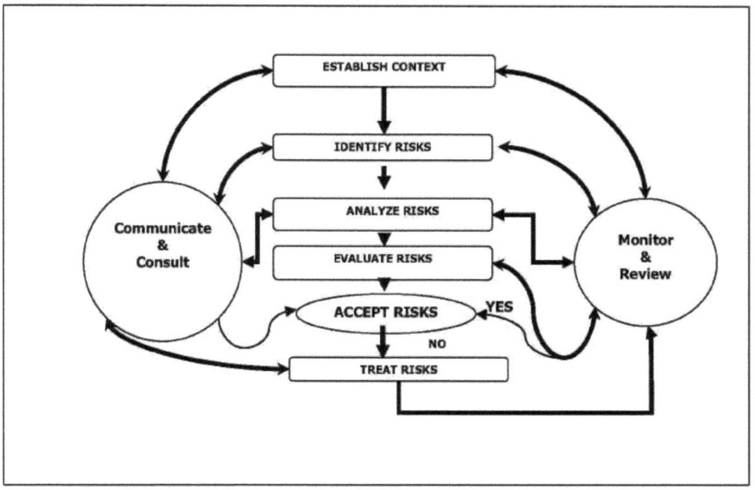

Figura 2-2. Elementos fundamentais do processo de avaliação do risco (segundo a EMA 2002).

2.2.2.1 Ciclo de gestão de catástrofes

No pensamento recente, a adaptação humana aos desastres ocorre através de um processo cíclico. Carter (1991); Killian (2002); e Mileti (1999) discutiram o ciclo de gestão de desastres como um modelo que é usado para definir o processo de gestão de desastres. Este modelo classifica as actividades em duas fases: fases pré e pós-desastre. De uma perspetiva de implementação, o processo de gestão de desastres pode ser dividido em dois níveis: operacional e de tomada de decisão (Mileti 1999). O ciclo de gestão de catástrofes envolve quatro fases principais: preparação, resposta, recuperação e mitigação. As actividades nestas quatro fases são mostradas na Figura 2-3, e são descritas a seguir:

1. **Preparação:** Nesta fase, todos os esforços são concentrados na compreensão das necessidades e na resolução da situação em caso de ocorrência de uma ou mais catástrofes.

2. **Resposta:** Esta é a fase mais crucial do ciclo de gestão de catástrofes, em que todos os esforços são afectados à prestação de socorro atempado.

3. **Recuperação:** Esta "fase de regresso ao normal" envolve um esforço interdisciplinar para tratar não só dos aspectos físicos da recuperação da catástrofe, mas também dos aspectos psicológicos e sociais. Nesta fase, podem estar envolvidos esforços internacionais.

4. **Mitigação:** Esta fase trata das causas e dos impactos, com o objetivo de lidar melhor com as catástrofes no futuro. Esta fase é composta por duas subcategorias. A primeira é a atenuação estruturada, que envolve trabalhos de engenharia para prevenir e atenuar as catástrofes. As medidas de atenuação estrutural tentam manter os perigos afastados das pessoas e dos edifícios, ou reforçar os edifícios e as infra-estruturas para fazer face aos perigos. Os diques, as barragens e os desvios de canal são exemplos de atenuação estrutural (Mileti 1999). A segunda é a atenuação não-estrutural, que envolve amplos esforços interdisciplinares com o objetivo de determinar as vulnerabilidades e as ameaças, a fim de as enfrentar eficazmente. Por exemplo, a política, a educação, a sensibilização e os códigos de construção são exemplos de atenuação não estrutural.

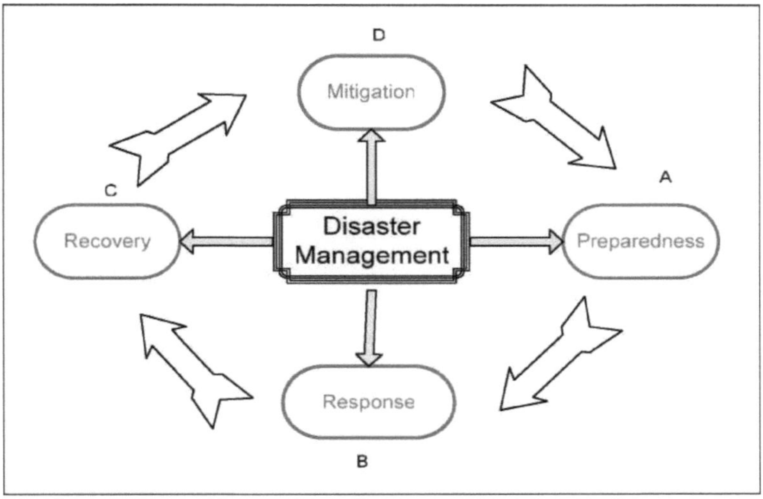

Figura 2-3. Ciclo de gestão de catástrofes; (A) Preparação; (B) Resposta; (C) Recuperação; e (D) Mitigação (modificado de Carter 1991).

Alexander (1993) listou sete fases temporais de desastres que são de importância no processo de gestão de desastres. Estas fases são:

a) **O período de incubação:** Isto implica a monitorização de fenómenos específicos antes de uma catástrofe; por exemplo, a queda de chuva, a elevação da superfície da água e a velocidade do fluxo podem ser monitorizadas antes de uma inundação.

b) **O impacto da catástrofe na propriedade versus o tempo:** Por exemplo, vários níveis de inundação terão diferentes impactos e, portanto, diferentes níveis de danos, com base na localização da área afetada.

c) **Breve período de crise não mitigada:** Refere-se ao breve período de tempo durante o qual os esforços de mitigação são interrompidos. Inclui o tempo após eventos específicos em que os esforços de atenuação estão a ser planeados.

d) **Busca e salvamento:** O tempo durante o qual são efectuadas as operações de busca e salvamento.

e) **Reparação fundamental:** Tempo para reparar serviços básicos para necessidades fundamentais; por exemplo, esforços de socorro.

f) **Restauração - Extensão da "reparação fundamental",** em que a reconstrução de serviços essenciais continua.

g) **Reconstrução do desenvolvimento:** As reparações e reconstruções estão concluídas.

Estes aspectos temporais são muito importantes quando se discute o papel do GIS na gestão de desastres.

2.2.2.2. Legislações

Uma componente essencial da abordagem global da gestão de catástrofes é a existência de legislação adequada. A legislação em matéria de gestão de catástrofes permite um processo de tomada de decisões eficaz. As legislações relativas à gestão de emergências no Canadá não são novas. Em 1985, foram aprovadas duas legislações importantes (Governo do Canadá 1998); são elas a Lei das Emergências e a Lei da Preparação para as Emergências. A Lei sobre as Emergências definiu uma emergência nacional como "uma situação urgente e crítica de natureza temporária, que (a) põe seriamente em perigo a vida, a saúde ou a segurança dos canadianos e é de tal proporção ou natureza que excede a capacidade ou a autoridade de uma província para lidar com ela, ou (b) ameaça seriamente a capacidade do governo do Canadá para preservar a soberania, a segurança e a integridade territorial do Canadá".

Na sequência dos ataques terroristas de 11 de setembro de 2001, foram tomadas medidas importantes para melhorar a legislação relativa à gestão das emergências e para impor um maior controlo sobre o processo de gestão das emergências no Canadá (Governo do Canadá, 1985). Consequentemente, foi efectuada uma análise exaustiva das actividades de gestão de emergências no Canadá. A Lei Antiterrorismo foi aprovada em 2001 (Governo do Canadá 2001). Desde então, a Lei da Segurança Pública, proposta em 2002, tem dado especial ênfase ao reforço da capacidade do Governo do Canadá para proporcionar um ambiente seguro e estabelecer controlos mais rigorosos sobre as substâncias perigosas.

A Lei Antiterrorismo de 2001 e a Lei de Segurança Pública de 2002, juntamente com a Lei de Gestão de Emergências de 1985 e a Lei de Preparação para Emergências de 1985, contribuíram significativamente para o reforço dos protocolos de gestão de emergências do Canadá. A última fase do reforço do programa de gestão de emergências do Canadá após o 11 de setembro de 2001 foi a transformação do Gabinete de Proteção das Infra-estruturas Críticas e de Preparação para Emergências (OCIPEP) no núcleo do novo Ministério da Segurança Pública e da Preparação para Emergências (PSEPC) no final de 2003.

2.2.2.3. Tomada de decisões em matéria de gestão de catástrofes no Canadá

O sistema de gestão de emergências do Canadá é hierárquico, conforme resumido na Figura 2-4. A resposta a uma emergência ocorre normalmente a nível da comunidade. Os gabinetes provinciais de gestão de emergências prestam assistência às comunidades durante uma emergência grave, enviando um agente comunitário (ou outros membros da equipa provincial de resposta a emergências) para o(s) centro(s) de operações de emergência da comunidade afetada.

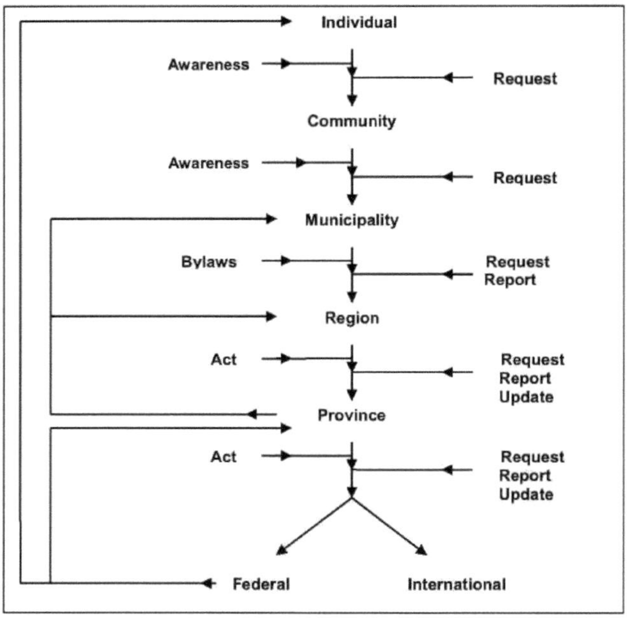

Figura 2-4. Estrutura e função do sistema de gestão de emergências no Canadá.

Por exemplo, uma emergência local pode exigir esforços de colaboração entre os governos local, provincial e federal. A nível provincial, a maioria das províncias e territórios canadianos dispõe de legislação local que define as funções e responsabilidades e a forma como a autoridade legal é ordenada durante as emergências a nível provincial. No entanto, as medidas práticas que envolvem o próprio processo de tomada de decisões variam consoante as províncias.

2.2.2.4. *Partes interessadas na gestão de catástrofes*

A complexidade do processo de tomada de decisões em matéria de gestão de catástrofes faz com que seja difícil para uma única organização lidar com ele sozinha. Não é raro, especialmente num domínio interdisciplinar como a gestão de catástrofes, que a tomada de decisões envolva uma componente interdepartamental (por exemplo, política, operações, engenharia e controlo de comando), o que exige conhecimentos especializados de várias origens. A Figura 2-5 mostra o papel das partes interessadas na gestão de catástrofes, que têm um envolvimento direto na resposta e no tratamento de situações de emergência.

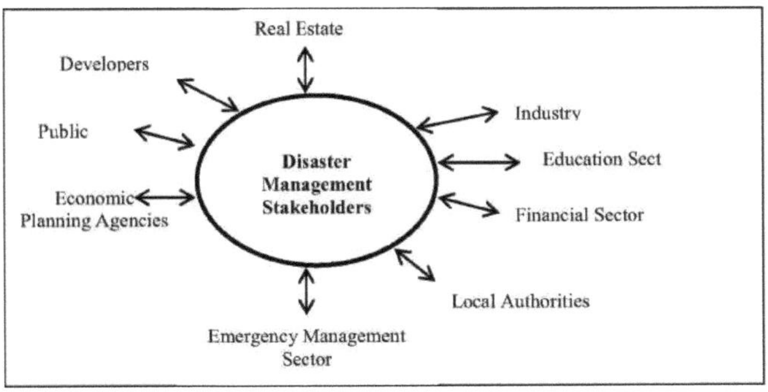

Figura 2-5. Principais partes interessadas na gestão de desastres (modificado de Montoya-Morales 2002).

Etkin et al. (2004) sugerem que as políticas e medidas disponíveis mas não suficientemente utilizadas podem reduzir substancialmente os danos causados por fenómenos naturais extremos. As perdas económicas resultantes de catástrofes podem ser muito prolongadas e a recuperação pode ser lenta. Isto ilustra claramente o amplo envolvimento das partes interessadas na gestão de catástrofes nos processos de gestão de catástrofes.

2.3. Interdependência das infra-estruturas

A interdependência das infra-estruturas é um novo domínio de investigação interdisciplinar. Apesar de os sectores das infra-estruturas terem sido claramente definidos no Canadá, não existe consenso quanto a uma definição precisa do conjunto de actividades e operações que constituem o domínio da interdependência das infra-estruturas. Atualmente, existe um conhecimento limitado das interdependências e vulnerabilidades das infra-estruturas do Canadá e dos métodos de medição e quantificação dessas relações. Esta situação deve-se à complexidade crescente das infra-estruturas e à sua interligação, o que deu origem a uma série de interdependências diferentes. Estas interdependências introduziram novas vulnerabilidades e riscos na nossa sociedade. A tomada de decisões e as ferramentas de apoio auxiliadas por estudos de caso e simulações de desenvolvimento de cenários são áreas de investigação fundamentais neste novo domínio (Traudeu 2004). O risco para um determinado sector de infra-estruturas não pode ser eficazmente estimado sem uma concetualização completa das vulnerabilidades e perigos que o rodeiam (Chang et al. 2002). A investigação sobre a interdependência das infra-estruturas evoluiu muito recentemente como um ramo da gestão de catástrofes e emergências. Na sequência de acontecimentos como o apagão elétrico de agosto de 2003 em partes do Ontário e o surto de SARS de 2003 em Toronto, foi reconhecida a importância de abordar questões fundamentais relativas à interdependência das infra-estruturas.

2.3.1. Os dez sectores de infra-estruturas do Canadá

As infra-estruturas críticas do Canadá são as instalações, redes e activos físicos e de tecnologias da informação que, em caso de perturbação ou destruição, podem ter um impacto grave na saúde pública.

impacto na saúde, segurança, proteção ou bem-estar económico dos canadianos, ou no funcionamento eficaz dos governos no Canadá (Trudeau 2004). De acordo com o PSEPC (2004), existem dez grandes sectores de infra-estruturas no Canadá, nomeadamente

1. energia e serviços públicos (por exemplo, energia eléctrica, gás natural, produção de petróleo e sistemas de transmissão)
2. tecnologias da comunicação e da informação (por exemplo, telecomunicações, sistemas de radiodifusão, software, hardware e redes, incluindo a Internet)
3. finanças (por exemplo, banca, valores mobiliários e investimento)
4. cuidados de saúde (por exemplo, hospitais, instalações de cuidados de saúde e de fornecimento de sangue, laboratórios e produtos farmacêuticos)
5. alimentos (por exemplo, segurança, distribuição, agricultura e indústria alimentar)
6. água (por exemplo, água potável e gestão de águas residuais)
7. transportes (por exemplo, aéreos, ferroviários, marítimos e de superfície)
8. segurança (por exemplo, segurança química, biológica, radiológica e nuclear, materiais perigosos, busca e salvamento, serviços de emergência e barragens)
9. Governo (por exemplo, serviços, instalações, redes de informação, activos e sítios e monumentos nacionais importantes).
10. fabrico (indústria química)

Analisar, modelar e visualizar as infra-estruturas críticas numa perspetiva de gestão de emergências é um desafio. No entanto, identificar, compreender, analisar e modelar as numerosas interdependências entre estas infra-estruturas críticas é ainda mais difícil. As abordagens baseadas no espaço são também extremamente úteis porque são capazes de realçar o contexto espacial. Além disso, permitem a visualização, são dinâmicas e multi-escala. Estas três capacidades são necessárias para descrever eficazmente as interdependências entre infra-estruturas.

1.1.2. Tipos de interdependência das infra-estruturas

Rinaldi et al. (2001) identificam quatro tipos de interdependências de infra-estruturas: 1) Interdependência Física, 2) Interdependência Cibernética, 3) Interdependência Geográfica, e 4) Interdependência Lógica. Duas infra-estruturas são logicamente interdependentes se o estado de cada uma delas depender do estado da outra através de um mecanismo que não seja uma ligação física, cibernética ou geográfica (por exemplo, congestionamento de tráfego). Neste caso, a interdependência lógica entre as infra-estruturas petrolíferas e de transportes deve-se sobretudo a decisões e acções humanas. As interdependências físicas e geográficas são particularmente cruciais e relevantes para a modelação e simulação espacial. Diz-se que duas infra-estruturas são fisicamente interdependentes se o estado de cada uma delas depender da(s) produção(ões) material(ais) da outra. Considera-se que as infra-estruturas são geograficamente interdependentes se o mesmo acontecimento ambiental local puder criar alterações de estado em todas elas. A interdependência cibernética e lógica é mais relevante para os contextos operacional e financeiro. Uma infraestrutura tem interdependência cibernética se o seu estado depender de informações transmitidas através da infraestrutura de informação.

1.1.3. Dimensões da interdependência das infra-estruturas

As interdependências das infra-estruturas críticas incorporam uma imensa gama de factores inter-relacionados e condições do sistema que podem ser conceptualizadas em termos de seis dimensões (Rinaldi et al. 2001), cada uma das quais é composta por duas ou mais subcomponentes; as seis dimensões são as seguintes 1) Tipos de Interdependências, 2) Ambiente, 3) Acoplamento e Comportamento de Resposta, 4) Tipo de Falha, 5) Caraterísticas da Infraestrutura, e 6) Estado de Operação. A Figura 2-6 mostra estas dimensões com subcategorias. O desafio consiste em descrever os vários contextos de interdependência de uma forma que seja relevante e útil para o apoio à tomada de decisões em matéria de gestão de emergências.

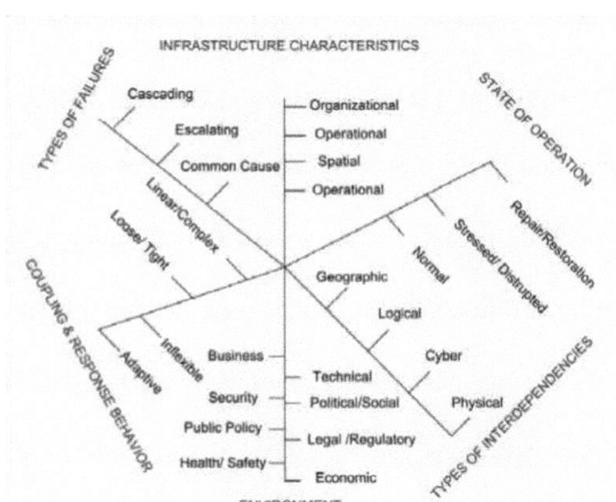

Figura 2-6. Esquema que mostra as seis dimensões da interdependência das infra-estruturas (segundo Rinaldi 2003)

1.1.4 Modelação da interdependência das infra-estruturas

Quando se lida com a questão da modelação da interdependência das infra-estruturas para a gestão de catástrofes, um dos principais desafios é a disponibilidade de ferramentas de modelação capazes de imitar situações muito complexas do mundo real. Outra questão que se coloca é a da exatidão e validade destes modelos e a da confiança que os decisores podem depositar neles.

Os factores de incerteza e de precisão do modelo são críticos, uma vez que podem influenciar ou orientar mal o processo de tomada de decisões informadas em situações extremas e críticas em termos de tempo. Outra questão relacionada com a modelação da interdependência das infra-estruturas diz respeito à forma como estes modelos podem ser aplicados em situações extremas e como o funcionamento quotidiano pode ser equilibrado com as preocupações de segurança.

Rinaldi (2004) classificou os modelos de interdependência de infra-estruturas em seis tipos: a) Ferramentas agregadas de oferta e procura: Esta categoria de ferramentas avalia a procura total de serviços de infra-estruturas numa região e a capacidade de fornecer esses serviços; b) Simulações dinâmicas: Este tipo de modelo utiliza simulações dinâmicas para examinar o funcionamento das infra-estruturas, os efeitos das perturbações e as consequências associadas a jusante; c) Modelos baseados em agentes: Nesta técnica de modelação, os componentes físicos das infra-estruturas podem ser facilmente modelados como agentes, permitindo análises das caraterísticas operacionais e dos estados físicos das infra-estruturas; d) Modelos baseados na física: Os aspectos físicos das infra-estruturas podem ser analisados com técnicas de engenharia normais (por exemplo, podem ser efectuadas análises de fluxo de energia e de estabilidade das redes eléctricas); e) Modelos de Mobilidade da População: Este tipo de modelo examina o movimento de entidades através de regiões urbanas (por exemplo, as entidades podem ser pessoas que seguem as suas rotinas diárias numa cidade); f) Modelos de Input-Output de Leontief: O modelo de fluxos económicos de Leontief pode ser utilizado para fornecer uma análise linear, agregada e independente do tempo da produção, do fluxo e do consumo de vários produtos entre sectores de infra-estruturas. O Quadro 2-1 apresenta factores espácio-temporais e operacionais específicos e as suas implicações para a análise das interdependências entre infra-estruturas.

Quadro 2-1. Factores que afectam a análise de interdependência (segundo Rinaldi 2004).

Factor	Implications for Analyses
Time Scales	Infrastructure dynamics vary from milliseconds (e.g., electrical grid disturbances) to decades (construction of major new facilities). Different infrastructures will have varying time scales of importance.
Geographic Scales	Specific scenarios and issues range from cities to national or international levels in scale. Scale affects the resolution and quantity of infrastructure and interdependency data required for models.
Cascading and Higher Order Effects	Disruptions in one infrastructure can ripple or cascade into other infrastructures, creating second and higher order disruptions.
Social / Psychological Elements	Infrastructures are socio-technical systems. Social networks and behavioral responses can influence infrastructure operations, such as the spread of an infectious disease and the response of the public health infrastructure.
Operational Procedures	Company-specific procedures influence the state of an infrastructure, such as responses to market fluctuations.
Business Policies	Specific corporate business policies affect the operations of the infrastructures.
Restoration and Recovery Procedures	Company-specific procedures influence the state of an infrastructure during a crisis or emergency, and may affect coordination among various infrastructure owners. Cross-infrastructure restoration/recovery procedures may not exist.
Government Regulatory, Legal, and Policy Regimes	Government actions will influence operational behaviors as well as the response to and recovery from disasters or disruptions.
Stakeholder Concerns	Stakeholders have differing motivations and different sets of concerns that drive Modeling and Simulation requirements.

1.1.4.1. Ciência da interdependência das infra-estruturas

No Canadá, estão em curso trabalhos para abordar a questão da interdependência das infra-estruturas a partir de várias frentes, incluindo a política, a ciência, a engenharia e as ciências sociais, com ênfase em todos os dez sectores das infra-estruturas (Trudeau 2004). O primeiro relatório que abordou a questão da dependência das infra-estruturas foi publicado pelo Department of National Defense, National Contingency Planning Committee, em 2000. Este estudo foi inicialmente elaborado como uma fase de preparação para a compatibilidade com o "bug de conformidade" do ano 2000. Posteriormente, o estudo tornou-se uma referência importante em matéria de interdependência de infra-estruturas. No entanto, desde então, foi publicada muito pouca investigação sobre este tema. O Programa Nacional Canadiano de Garantia das Infra-estruturas Críticas (NCIAP) desenvolveu um plano de ação para lidar com questões de interdependência das infra-estruturas críticas (PSEPC, 2004). Este plano sugere que são necessários esforços colectivos de investigação para abordar os vários aspectos da interdependência das infra-estruturas. Sugere também que nenhuma disciplina pode tratar sozinha das questões de interdependência das infra-estruturas.

1.1.5. Estado da arte da investigação sobre a interdependência das infra-estruturas

O domínio da investigação sobre a interdependência das infra-estruturas é muito recente e permanece quase intocado. O número crescente de emergências, a complexidade crescente dos sistemas de infra-estruturas e a complexidade crescente das suas interdependências conduziram e expuseram uma necessidade crescente de investigação sobre a interdependência das infra-estruturas (Trudeau 2004). No Canadá, houve duas grandes tentativas, nos últimos dez anos, de abordar as questões de investigação da interdependência das infra-estruturas. Estes projectos foram iniciados pelo Grupo Nacional de Planeamento de Contingências (NCPG-DND 2000; PSEPC 2004).

A iniciativa PSEPC (2004) deu origem a seis projectos no âmbito do Programa Conjunto de Investigação sobre a Interdependência das Infra-estruturas (JIIRP). Estes projectos abordam a questão da interdependência das infra-estruturas críticas de um ponto de vista interdisciplinar. No âmbito da iniciativa JIIRP, Marti (2005) está a utilizar a teoria dos sistemas para abordar a interdependência das infra-estruturas, com ênfase na coordenação da recuperação dos sistemas. Ao adotar um conceito de "fichas de sobrevivência vital", os esforços de coordenação são unificados para maximizar a sobrevivência humana durante as emergências. Outra atividade do JIIRP é liderada por Robert (2005). Este projeto centra-se nas relações e vulnerabilidades das redes de infra-estruturas críticas de apoio à vida (por exemplo, hidroeléctricas e de telecomunicações), numa perspetiva de otimização do sistema. Utilizando um estudo de caso baseado na cidade de Montreal. El-Diraby (2005) está a trabalhar num projeto JIIRP que se centra nos aspectos ontológicos da conceção de infra-estruturas civis críticas. O sistema de conceção de infra-estruturas inteligentes que está a ser desenvolvido permitirá que cada componente específico de uma estrutura se enquadre na ontologia global. Zhang (2005) aborda a dinâmica do sistema de interdependências de infra-estruturas críticas utilizando as redes de Petri como uma ferramenta poderosa para modelar sistemas não determinísticos. A tónica é colocada no desenvolvimento de um modelo que capte todas as relações de interdependência num sector de infra-estruturas críticas. McBean (2005) está a trabalhar na abordagem das interdependências de infra-estruturas críticas na perspetiva da resiliência do sector da água e da proteção da saúde.

2.4. SIG Temporal

O SIG atemporal (ou seja, o SIG "típico") negligencia tanto a dinâmica dos processos naturais como as dependências resultantes dessa dinâmica (Christakos et al. 2002). A gestão de catástrofes exige uma compreensão clara dos mecanismos e processos físicos subjacentes a um determinado cenário de catástrofe. Os SIG temporais combinam a modelização científica com a tecnologia da informação, a fim de obter conhecimentos sobre os fenómenos que ocorrem no domínio espácio-temporal e de satisfazer as necessidades específicas dos utilizadores de uma forma eficiente (Christakos et al. 2002). Um SIG representa sempre o espaço. A representação do tempo, para além do espaço, num SIG é um desafio (Peuquet 2001). As secções seguintes descrevem a história, as abordagens e as questões de investigação relacionadas com os SIG temporais.

2.4.1. Antecedentes históricos

A primeira representação do espaço geográfico para utilização com um computador é geralmente atribuída a Tobler (1959), que criou o que se designa por mapas informáticos no final da década de 1950. A década de 1960 assistiu ao desenvolvimento dos primeiros sistemas SIG no Canadá e nos Estados Unidos (Longley et al. 2005). O primeiro SIG operacional foi concebido pelo Ministério do Ambiente do Canadá em 1968 para gerir o inventário dos recursos naturais (Peuquet 2002). Um grande desenvolvimento das capacidades temporais dos modelos de dados geográficos e dos SIG começou no final dos anos 80 com o trabalho inovador de Langran e Christman (1988). De acordo com Peuquet (2001a), no início da década de 1990, houve uma série de esforços para criar bases de dados geográficas e protótipos de sistemas especificamente destinados a dados espácio-temporais.

2.4.2. Abordagens à integração tempo-espaço

Muitos esforços de investigação, incluindo Briggs (2005); Dietzel et al. (2005); Giardino et al., (2004); Gupta e Singh (2005); Erharuyi e Fairbairn (2003); e Goodchild et al. (1993), sublinharam a importância de abordar os aspectos espácio-temporais da gestão de catástrofes. Langran (1992) listou cinco abordagens para apresentar o SIG temporal, que são:

Modelação 1-4D : fornece uma dimensão cartográfica adicional para a representação do tempo.

2 - Limites temporais dos objectos: apresenta eventos passados como uma série temporal espacial.

3-Cubos espaço-temporais : trata-se de um cubo tridimensional que representa uma dimensão temporal e duas dimensões espaciais.

4-Sequência de instantâneos: Trata-se de uma sequência de "instantâneos de fracções temporais". O carácter de cada intervalo de tempo é captado separadamente.

5-Espaço-tempo composto: é apresentado através do achatamento do cubo espaço-tempo 3D num espaço bidimensional.

Dada a natureza crítica da maioria das catástrofes, não é inesperado que as funções temporais do SIG sejam potencialmente muito importantes nos cenários de gestão de catástrofes em que o SIG é implementado. Tipicamente, estas funções fornecem aos decisores da gestão de catástrofes uma grande quantidade de conhecimentos sobre eventos históricos, a situação atual, o desenvolvimento de eventos e as capacidades de previsão sobre como será a situação no futuro. Langran, (1992) lista seis funções temporais principais. O Quadro **2-2** explica estas cinco funções.

Existe um número substancial de modelos SIG temporais que foram desenvolvidos e utilizados por muitos investigadores. Mennis e Fountain (2001) propõem uma abordagem para integrar cenários históricos em SIG utilizando técnicas de normalização temporal de bases de dados relacionais. Spery et al. (2001) propuseram um modelo de base de dados orientado a objectos que utiliza um modelo de metadados de linhagem para a gestão da evolução de objectos geográficos e a geração de consultas históricas. Allen et al. (1995) propuseram um modelo genérico para representar explicitamente ligações causais num SIG espácio-temporal utilizando uma abordagem orientada para objectos. Elawad et al. (2005) utilizaram análises de séries temporais baseadas em SIG para mostrar a alteração da extensão espacial das cheias ao longo do tempo (isto é, o rio Qu'Appelle, Saskatchewan e o rio Red, Manitoba, respetivamente). Técnicas específicas, como o decaimento da distância e a interpolação, tal como demonstrado por Longley et al. (2005), são muito eficazes para fornecer uma interpolação contínua baseada no peso das células adjacentes ao longo do tempo. Uma das limitações dos modelos espácio-temporais é que requerem uma atualização e modificação contínuas.

Tabela 2-2. Seis principais funções temporais do SIG (segundo Langran 1992).

Function	Description
Inventory	Store a complete description of the study area, and account for changes in both the physical and world and computer storage
Analysis	Explain, exploit, or forecast the components contained by and the processes at work in a region
Updates	Supersede outdated information with current information
Quality Control	Evaluate whether new data are logically consistent with pervious versions and states
Scheduling	Identify or anticipate threshold database states, which trigger predefined system responses.
Display	Generate a static or dynamic map, or a tabular summary, of temporal processes at in work in a region.

2.4.3. Questões actuais de investigação

A maior parte da investigação inicial sobre as capacidades temporais dos modelos de dados geográficos centrou-se na incorporação do domínio temporal. Peuquet (2002) indica que há necessidade de métodos de análise e cartografia espácio-temporais teoricamente sólidos e praticamente eficazes. A investigação sobre SIG temporais tende a concentrar-se na representação de uma única história através de uma série de "estados temporais" (Nash et al. 2005). Peuquet e Niu (1995) indicam que as limitações dos SIG na utilização efectiva do tempo de processamento da dinâmica da mudança têm sido objeto de grande atenção. Dada a necessidade cada vez mais urgente de compreender melhor os processos dinâmicos envolvidos na gestão de catástrofes, muitos investigadores, incluindo Le Menach et al. (2005); Mennis et al. (2000); Peuquet (1988); Peuquet (2005); Renger et al. (2002), têm trabalhado continuamente no sentido de fazer avançar os aspectos temporais dos SIG. Wang et al. (2005) indicam que ainda é necessário trabalhar para conseguir uma integração satisfatória dos modelos ambientais com os SIG, a fim de facilitar processos de tomada de decisões eficazes. Sellis (1999) aborda questões específicas de investigação em domínios específicos. Algumas destas questões são discutidas incluindo a estrutura e a representação do espaço e do tempo e as interfaces gráficas do utilizador para a visualização de modelos temporais de SIG.

2.5 Interoperabilidade do SIG

A interoperabilidade dos SIG é única na medida em que permite assegurar um acesso fácil e compatível aos dados espaciais através da Internet (Visser et al. 2002). Farley (1999) indica que a interoperabilidade é importante para as aplicações de gestão de catástrofes, porque ajuda a eliminar a heterogeneidade dos sistemas e dos dados. A importância deste facto fez da interoperabilidade uma iniciativa central de investigação e desenvolvimento. De acordo com Goodchild (2003), a interoperabilidade visa eliminar as incompatibilidades entre formatos de dados, produtos de software, concepções espaciais e normas de qualidade dos dados. A distinção entre transferência de dados e interoperabilidade é muito importante. O quadro 2-3 resume as diferenças entre interoperabilidade e transferência.

O conceito de interoperabilidade SIG, como mostra a Figura **2-7**, é um processo de utilização de protocolos normalizados para controlar o acesso entre sistemas através da Internet. As catástrofes e os seus impactos podem estender-se por grandes áreas, o que, num contexto SIG, envolve invariavelmente grandes volumes de dados. Assim, a simulação de catástrofes naturais pode exigir capacidades de computação avançadas e de elevada capacidade. As imagens de satélite, os modelos digitais de elevação e os dados vectoriais disponíveis para os municípios e para as autoridades provinciais podem exceder a capacidade de processamento de um computador de secretária. Este é um dos domínios em que é necessária a força da computação centrada em rede e a interoperabilidade dos sistemas. A interoperabilidade também pode permitir a partilha eficiente de dados / informações em tempo quase real quando se está a viver uma situação de emergência.

Quadro 2-3. Diferenças entre o processo de transferência de dados e a interoperabilidade de dados (segundo Glover 1995).

Aspect	Transfer	Interoperability
Scope	Data, no process	Data and Process
Data Unit	Dataset	Object (Dataset or Lower)
Communication	Bind (One Way)	Negotiated (Two Way)
Integration	In Target System	In Server or During Communication

2.5.1 Especificações de interoperabilidade

O Open Geospatial Consortium (OGC) é um consórcio industrial sediado nos EUA, com membros do governo e do meio académico, que tem por missão desenvolver e promover especificações de interoperabilidade (OGC 2002a). O OGC iniciou especificações de interoperabilidade. Três dessas especificações representam a espinha dorsal da interoperabilidade SIG, a saber

1-Especificação Web Map Service (WMS), que normaliza o processo de pedidos e respostas entre o servidor e o cliente para uma partilha eficiente de dados.

2-Serviço de recursos Web (WFS) que controla o processo de

edições básicas através da Internet.

3-Serviço de Cobertura Web (WCS) que normaliza o processo de exploração dos dados de cobertura.

O conceito de interoperabilidade SIG é apresentado graficamente (Figura 2-8 e Figura 2-9). A figura **2-7** mostra um serviço Web heterogéneo em que não existe um protocolo claro que controle o fluxo de informação entre clientes Web, servidores de mapas e bases de dados. A figura **2-8** mostra um sistema interoperável em que o acesso à base de dados é efectuado de acordo com as normas OGC. As subsecções seguintes abordam brevemente cada um dos três serviços web normalizados.

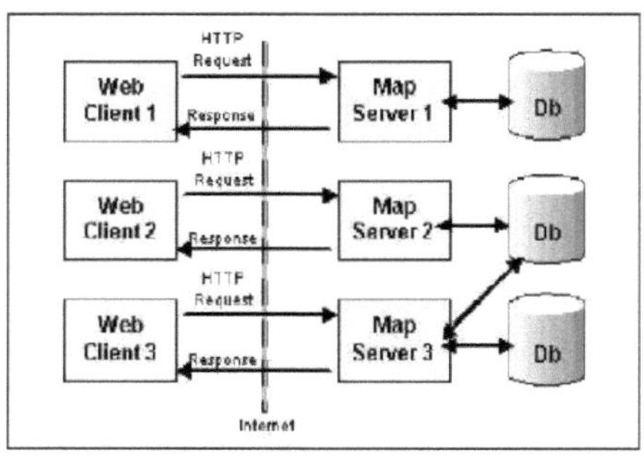

Figura 2-7. Um sistema heterogéneo centrado na rede (segundo OGC 2002a).

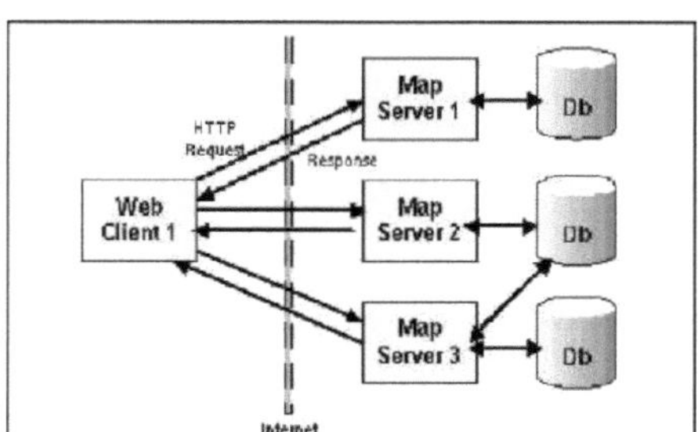

Figura 2-8. Um sistema interoperável centrado na rede (segundo OGC 2002a).

2.5.2. Especificação do serviço de mapas Web (WMS)

O WMS produz mapas de dados referenciados espacialmente de forma dinâmica a partir de informações geográficas (Beaujardiere 2004). A especificação WMS normaliza a forma como os clientes solicitam mapas. Os clientes solicitam mapas a uma instância WMS em termos de camadas nomeadas e fornecem parâmetros como a dimensão do mapa devolvido, bem como o sistema de referência espacial a utilizar para desenhar o mapa.

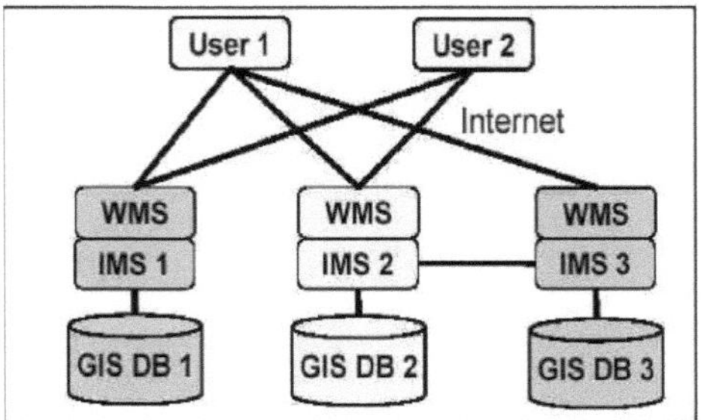

Figura 2-9. Esquema da comunicação WMS (segundo Kolodziej 2003).

2.5.3. Especificação do serviço de recursos da Web (WFS)

O WFS fornece representações em linguagem de marcação geográfica (GML) de elementos geoespaciais simples em resposta a pedidos de clientes HTTP. Os clientes acedem aos dados de elementos geográficos através do WFS, enviando um pedido apenas para os elementos necessários para uma aplicação (OGC 2002b). O WFS suporta várias funções SIG específicas, nomeadamente: criação, inserção, atualização, eliminação, consulta e descoberta de elementos geográficos.

2.5.4 Especificação do Serviço de Cobertura da Web (WCS)

Um WCS dá acesso a conjuntos potencialmente detalhados e ricos de informação geoespacial, nomeadamente para tipos de dados raster em formas que são úteis para a renderização do lado do cliente. Tal como as outras duas especificações mencionadas, o WCS permite que os clientes escolham partes do acervo de informação de um servidor com base em restrições espaciais e outros critérios (Evans, 2003). O quadro 2-4 destaca a funcionalidade básica dos três principais serviços Web OGC.

Tabela 2-4. Serviços Web OGC.

Name	Functionality
Web Map Service (WMS)	Web based creation of maps out of raster and vector datasets. The generated map can be visualized by common web browser
Web Feature Service (WFS)	Web-based access to vector geo-data that is delivered as GML 2.1 conformant XML-documents to clients, which can the further process this data. (for example in a desktop GIS)
Web Coverage Service (WCS)	Web-based access to raster geo-data, which can be delivered in several image formats. (e.g., TIFF, GIF, JPEG, BMP, PNM)

2.6. Utilidade do SIG na investigação sobre a interdependência das infra-estruturas

O trabalho relatado por Abdalla e Tao (2005) é um dos poucos estudos que destacaram a contribuição do SIG no novo domínio da interdependência das infra-estruturas. Existem muitas técnicas analíticas de SIG que são úteis para a modelação da interdependência de infra-estruturas. Nesta secção, será destacada a utilidade destas técnicas para abordar questões específicas relacionadas com a investigação sobre a interdependência das infra-estruturas.

2.6.1.1. Análise baseada em atributos

O poder do SIG resulta da sua capacidade de combinar os atributos espaciais e a representação gráfica do elemento. Existem funções analíticas poderosas que podem ser utilizadas para modelar a interdependência de infra-estruturas críticas. Funções como *Query Within* podem fornecer informações muito úteis sobre determinados elementos do sector numa localização específica. A função

Summarize Table (Resumir Tabela) pode fornecer informações importantes sobre um subconjunto específico de atributos para uma determinada localização. As funções de atributo *Index Attributes* podem fornecer detalhes sobre a indexação de elementos críticos para uma determinada unidade de sector de infraestrutura.

2.6.1.2. Análise de caraterísticas baseada em nós

A análise de caraterísticas baseada em nós ou a análise de pontos pode fornecer informações úteis aquando da modelação de LBII. Funções como a *distância* podem fornecer informações sobre a distância real entre diferentes sectores de infra-estruturas críticas ou entre instalações críticas, como hospitais, escolas e outras. A análise baseada em pontos também pode fornecer informações muito úteis através da *análise de atributos;* por exemplo, as caraterísticas dos pontos para os serviços de emergência médica podem fornecer muitos atributos sobre a área de cobertura, a capacidade de serviço de emergência disponível e possíveis alternativas de serviço de emergência nas horas de ponta.

2.6.1.3 Análise por área

A análise baseada em áreas fornece funções avançadas para caraterísticas de polígonos. Funções como *Dissolver* e *Eliminar* podem ser utilizadas para a simulação de cenários hipotéticos. Isto pode fornecer informações detalhadas sobre as novas caraterísticas poligonais que podem ser criadas, no que diz respeito à área, infra-estruturas vizinhas e instalações adjacentes. As operações *de recorte* podem ser utilizadas na realização de análises baseadas em polígonos para mostrar o aspeto das caraterísticas em situações extremas. As caraterísticas específicas também podem ser *divididas.* As operações *de Buffer* podem ser utilizadas como restrições espaciais em sectores específicos, por exemplo, o utilizador pode identificar um buffer de uma zona de 500 metros em torno de um ou mais elementos.

2.6.1.4 Análise baseada em redes

A análise em rede oferece uma grande variedade de operações SIG que podem ser utilizadas para modelar a interdependência das infra-estruturas. As operações de rede incluem operações de linha como *Buffer,* que pode ser utilizada para aplicar um buffer de uma distância específica em torno de um elemento numa camada de infraestrutura. A operação *Dissolver* pode ser utilizada para unificar elementos (por exemplo, a operação Dissolver pode ser utilizada para dissolver dois segmentos de reta numa única reta). *A* operação *Intersect* pode ser utilizada para efetuar operações de intersecção de elementos geográficos, por exemplo, na modelação por simulação, esta função pode ser utilizada para fornecer informações sobre atributos de localização que poderão ter de ser divididos em resultado da intersecção com um determinado elemento geográfico. *A função Optimal Route Finding* é muito útil para determinar o caminho mais curto entre duas localizações. Em situações de emergência, pode ser útil quando se tenta determinar o caminho ótimo entre instalações e serviços.

2.6.1.5. Análise baseada em imagens

A análise baseada em raster fornece uma funcionalidade que é importante quando se lida com dados de elevação e com análise de imagens. Há uma série de funções de análise 3D que se baseiam na análise raster. Estas incluem: *Contorno,* que pode ser utilizado para fornecer caraterísticas de elevação linear derivadas de uma grelha de elevação. Esta função pode ser de grande utilidade na modelação de grelhas de densidade para uma determinada distribuição. A análise de *declives e aspectos* e a análise de *sombras de colinas* também são importantes e fornecem informações, por exemplo, quando se trata de análise de inundações. Esta informação pode ser de grande importância prática, uma vez que fornece ao utilizador detalhes sobre a elevação e o terreno...

2.7. Resumo

Este capítulo define o contexto desta dissertação e fornece informações básicas sobre a gestão de catástrofes, a interdependência das infra-estruturas, os SIG temporais e a interoperabilidade dos SIG. A primeira secção deste capítulo centra-se no conceito de Gestão Global de Emergências (GEC) e introduz o processo de evolução e as quatro fases do ciclo de gestão de catástrofes. A segunda secção discute o conceito de interdependência das infra-estruturas. Esta secção destaca os desafios e a complexidade associados à identificação e análise das interdependências entre diferentes sectores de infra-estruturas críticas.

Este capítulo mostra que as abordagens baseadas no espaço são potencialmente poderosas para lidar com a interdependência das infra-estruturas críticas. Isto deve-se principalmente à sua capacidade de lidar eficazmente com grandes quantidades de dados. A terceira secção deste capítulo discute o SIG temporal como uma abordagem eficaz para lidar com processos dinâmicos como as catástrofes. A história dos SIG temporais, bem como as abordagens para a integração do espaço e do tempo nos SIG são discutidas, juntamente com as actuais questões de investigação em SIG temporais. A última secção deste capítulo discute a interoperabilidade dos SIG como um meio de fornecer modelos de gestão de catástrofes centrados na rede. São discutidas as normas e abordagens da iniciativa de interoperabilidade OGC. Na parte final do capítulo, é também apresentada uma visão geral da utilidade do SIG na interdependência de infra-estruturas.

CAPÍTULO 3

3. Resumo dos métodos

"Num mundo cada vez mais assolado por catástrofes naturais e provocadas pelo homem, é difícil imaginar uma utilização mais marcante ou benéfica do SIG do que em questões de segurança pública. Quando se pára para pensar no número e no tipo de catástrofes que ocorrem a qualquer momento em todo o mundo, nos elementos e condições que as provocam, nos factores e nas forças que se misturam e colidem quando ocorrem, a ideia de um sistema de resposta abrangente e eficaz começa a parecer impossível. Mas é precisamente isso que o SIG é. "

Jack Dangermond, Presidente, ESRI

3.1. Introdução

Os métodos de investigação sobre catástrofes variam muito (Norris 2006). A vasta gama de factores variados envolvidos nas catástrofes aumenta dramaticamente o seu nível de complexidade. Estes factores incluem tanto a extensão espacial do acontecimento como a localização do acontecimento. Como resultado desta complexidade, ocorrem diferentes interações disciplinares. Allen (2001) descreve o SIG como uma ferramenta comum para a investigação interdisciplinar, porque as capacidades do SIG permitem o cruzamento imediato entre diferentes disciplinas. Hill et al. (2005) discutem a rápida expansão das aplicações que utilizam métodos de sistemas flexíveis para apoiar os processos de tomada de decisão, o que faz do SIG uma ferramenta de apoio à decisão muito popular (Banai 2005).

Este capítulo apresenta uma visão geral das metodologias utilizadas nesta dissertação. Uma abordagem inovadora e integrada que sintetiza diferentes técnicas baseadas em SIG foi utilizada nesta investigação. O primeiro nível desta investigação procura concetualizar a utilidade da interoperabilidade dos SIG na gestão de catástrofes, com particular ênfase na interdependência de infra-estruturas. No segundo nível, são exploradas técnicas de modelação e visualização espacial centradas na rede. No último nível, o foco está na construção de um sistema de base de conhecimento padrão para uma tomada de decisão eficaz. Detalhes sobre

as metodologias aplicadas nos três níveis são discutidas no restante deste capítulo.

3.2. Abordagem de síntese do conhecimento

Muitos investigadores, incluindo Kayhko e Skanes (2006); Bell e Neumann, (1997); e Ben Wu e Smeins (2000), utilizam os SIG para efetuar uma síntese metodológica. Luo e Wang (2003) sintetizam duas abordagens baseadas em SIG num único quadro e utilizam o método desenvolvido para examinar a acessibilidade espacial no planeamento de emergências. À semelhança das abordagens baseadas em síntese acima mencionadas, esta dissertação adopta uma variedade de estratégias de investigação. Isto é feito no âmbito de três níveis distintos: concetual, físico e lógico. O nível concetual implica uma revisão exaustiva da literatura e uma análise operacional das operações de gestão de emergências dos municípios selecionados. Uma abordagem interdisciplinar é tomada usando métodos de pesquisa teóricos e aplicados para concetualizar a usabilidade da modelação GIS na gestão de desastres. Foi concebido um questionário para ajudar a responder a perguntas sobre o quê, quando e porquê a interoperabilidade do SIG pode ser útil para os decisores. Isto foi seguido por um estudo de caso de demonstração para abordar as questões levantadas pela concetualização de como o SIG centrado na rede pode ser utilizado na resolução de questões de interdependência de infra-estruturas para o benefício dos decisores da gestão de desastres e emergências.

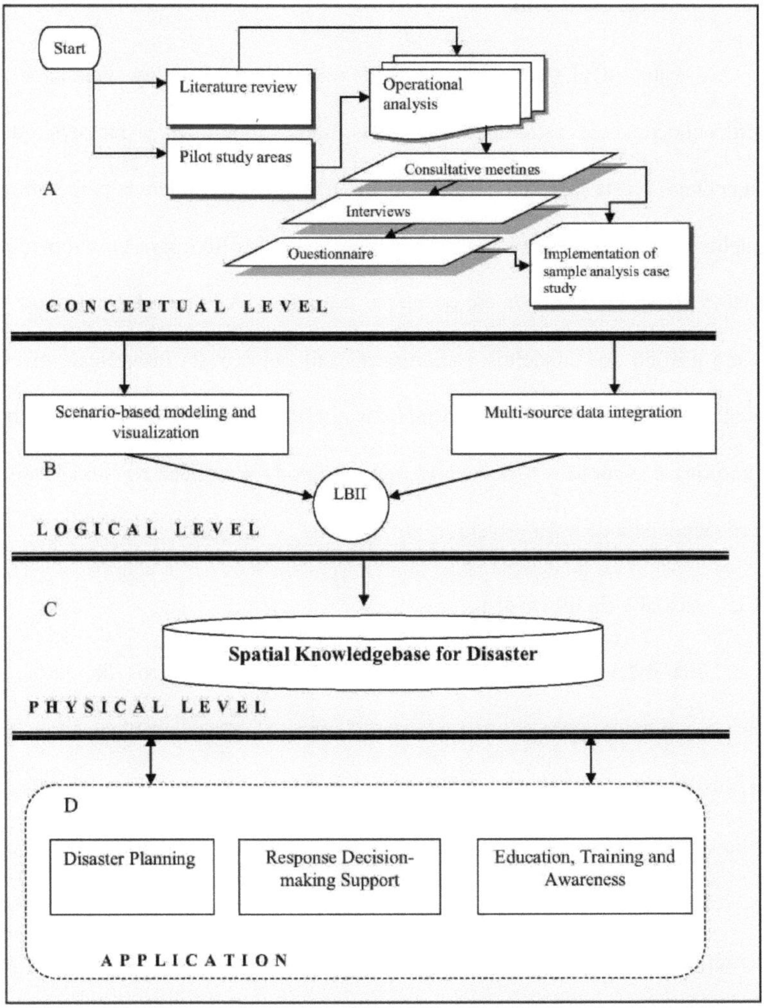

Figura 3-1. Metodologia de investigação adoptada nesta dissertação; (A) Nível Conceptual; (B) Nível Lógico; (C) Nível Físico; e (D) Aplicação.

Foi desenvolvido um modelo lógico de base científica para explorar a forma como as infra-estruturas críticas são afectadas durante as catástrofes. Utilizando uma abordagem baseada em cenários, esta fase centrou-se no fornecimento de modelos de risco baseados em SIG para a interdependência de infra-estruturas durante as catástrofes. Foi adoptada uma abordagem de conceção e desenvolvimento de engenharia ao nível da modelação física, a fim de estabelecer uma base de conhecimentos espaciais para a gestão de catástrofes e emergências (Figura 3-1). Esta ilustração destaca o processo seguido nesta investigação.

3.3. Nível concetual

A este nível, foi dada ênfase à investigação dos conceitos de interdependência de infra-estruturas, seus tipos, dimensões e factores que a influenciam. Nesta fase, são exploradas abordagens e ferramentas para fornecer modelos visuais. A utilidade da interoperabilidade dos SIG para uma tomada de decisões eficaz foi abordada em pormenor nesta fase. A Figura **3-2** apresenta um resumo gráfico dos conceitos e abordagens utilizados nesta fase. Neste nível, a tónica é colocada na resposta às principais questões relacionadas com o quando, onde, porquê e como o SIG centrado na rede pode ser eficaz na modelação da interdependência de infra-estruturas críticas.

3.3.1. Revisão da literatura

Uma extensa revisão da literatura, cobrindo abordagens de gestão de desastres e metodologias de utilização de SIG na resolução de problemas espaciais relacionados com a gestão de desastres, é realizada nesta fase. Foram pesquisadas publicações académicas, revisões operacionais, notas técnicas e livros brancos, com ênfase na análise de vários aspectos das práticas de gestão de desastres e emergências, questões e técnicas principais. As principais descobertas nesta fase estão resumidas no Capítulo 2. A partir da revisão, ficou evidente que existe uma literatura publicada muito limitada relacionada com a utilidade do SIG na modelação da Interdependência das Infra-estruturas Críticas.

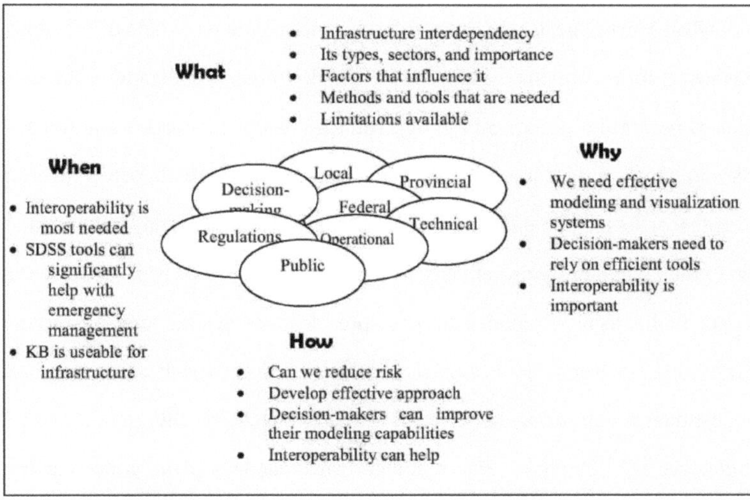

Figura 3-2. Processo de desenvolvimento de um modelo concetual.

3.3.2. Análise operacional das áreas de estudo selecionadas

Rodriguez et al. (2006); Flint e Luloff (2005) e Ali (2002) utilizaram métodos de investigação qualitativa para examinar as vulnerabilidades das comunidades. Embora o âmbito da investigação descrita na presente dissertação seja diferente do das três publicações acima referidas, foram utilizados métodos de investigação semelhantes para responder à questão de investigação em causa. Como parte da presente fase, foi realizada uma análise operacional utilizando uma abordagem de inquérito tradicional para examinar o estado atual da utilidade dos SIG interoperáveis na gestão de emergências e para identificar lacunas que impedem ou atrasam a aplicação destas tecnologias na gestão de emergências. Isto inclui a análise das práticas processuais de gestão de emergências nas áreas de estudo selecionadas, que foram realizadas utilizando uma análise comparativa qualitativa. Os inquéritos foram enviados por correio no verão de 2003 ao Sr. Bob Gaspirc, gestor de operações de cartografia de emergência na cidade de Toronto, e ao Sr. Ron Martin, gestor de cartografia de emergência na cidade de Vancouver. As respostas foram obtidas e analisadas. Parte do trabalho realizado nesta fase foi efectuado no âmbito de um estudo de avaliação das necessidades que tinha sido preparado para o Environment Canada. Esta equipa foi chefiada pelo Prof. Harris Ali, Professor Associado da Faculdade de Estudos Ambientais da Universidade de York. O meu papel neste projeto envolveu lidar com aspectos relacionados com o SIG para avaliar as necessidades dos decisores do Ontário para cumprir a nova Lei de Gestão de Emergências. Foram realizadas reuniões consultivas, entrevistas e um questionário com decisores envolvidos na aplicação de SIG para a gestão de emergências. O objetivo era recolher informações para concetualizar a complexidade dos sistemas estudados. Além disso, foram realizadas reuniões consultivas separadas com o Sr. John Galea (responsável pelo mapeamento) e o Sr. Mike Morton (responsável pela divulgação) da Emergency Management Ontario. As respostas foram comparadas e analisadas de modo a fornecer informações sobre as tendências futuras na implementação da interoperabilidade SIG. Esta fase centra-se no levantamento de relatórios técnicos, actos e legislação que fornecem informações sobre as práticas operacionais.

3.3.2.1 Reuniões consultivas

Foram utilizadas reuniões consultivas para recolher informações qualitativas dos decisores envolvidos nas operações de gestão de emergências. Foram organizadas várias reuniões com os responsáveis pelas medidas de emergência de três municípios da província de Ontário, Canadá, nomeadamente, a cidade de Toronto, a região de Waterloo e o condado de Dufferin. Também foram organizadas reuniões com funcionários do Environment Canada e da Emergency Management Ontario antes da entrevista com os funcionários regionais. Estas reuniões consultivas foram normalmente úteis na medida em que forneceram informações diretas sobre questões relacionadas com as práticas operacionais de cada departamento.

3.3.2.2. Entrevistas

Foram realizadas entrevistas com responsáveis pela gestão de emergências na cidade de Toronto, na cidade de Vancouver, na região de Waterloo e no condado de Dufferin. Estas entrevistas foram de natureza exploratória e de apuramento de factos. Os resultados obtidos a partir destas entrevistas serviram de base para a conceção de um questionário pormenorizado e específico a utilizar posteriormente na investigação. Nestas entrevistas, foram discutidas informações sobre o nível de preparação de cada departamento para lidar com situações inesperadas. Além disso, foi investigada a utilidade do SIG centrado na rede para a coordenação e gestão de situações de emergência (Khalil et al., 2004).

3.3.2.3. Questionário

Um questionário detalhado foi desenhado com o objetivo de recolher informação detalhada sobre as actividades de gestão de desastres e emergências. A ênfase foi dada à interoperabilidade do SIG para a gestão de desastres nos quatro níveis locais selecionados e aos primeiros a responder a emergências. A informação contida neste questionário é mostrada no Apêndice A e discutida na secção 3.3.2.4. Os resultados obtidos do questionário são analisados no Capítulo 4 e usados para abordar a questão que envolve a prontidão dos decisores para utilizar a interoperabilidade do SIG.

3.3.2.4. Quadro de implementação e análise Desenvolvimento de casos

Com base nas informações recolhidas em revisões da literatura, questionários, reuniões consultivas e entrevistas, foi desenvolvido um estudo de caso para demonstrar soluções práticas que o SIG centrado na rede pode fornecer à gestão de emergências. Foi desenvolvido um cenário hipotético para fornecer uma solução prática baseada no SIG que aborda as questões e lacunas identificadas através de métodos de investigação qualitativa na fase anterior. Foi utilizado um cenário de inundação para mostrar como a interoperabilidade dos SIG pode ajudar na gestão de catástrofes, com a intenção de fornecer um exemplo de como os SIG centrados na rede podem ser utilizados na gestão de catástrofes. O estudo de caso também sublinhou as questões relacionadas com a heterogeneidade dos dados e dos sistemas como um fator negativo no processo de tomada de decisões em matéria de gestão de catástrofes. Detalhes sobre a metodologia e o estudo de caso são discutidos no Capítulo 4.

3.4. Nível lógico

Este nível tenta responder à questão de saber como o SIG pode ser utilizado na modelação da LBII. Em primeiro lugar, foi introduzido o conceito de interdependência de infra-estruturas, seguido de uma análise prática da funcionalidade SIG necessária para a modelação da LBII e da forma como esta pode ser simulada utilizando o SIG. Neste nível, foram efectuadas análises de diferentes técnicas de modelação e visualização. Além disso, foram efectuadas investigações sobre os requisitos de dados e de processamento para a modelação da interdependência de infra-estruturas, seguidas de uma análise dos requisitos funcionais em termos das operações SIG mais necessárias para a modelação da

LBII como parte deste nível. As relações para a construção de uma base de conhecimentos relacional foram uma questão-chave que teve de ser identificada quando se trata de uma base de conhecimentos espaciais. A cadeia explorada através do processo de modelação lógica é apresentada na Figura 3-3, que ilustra a ligação entre os quatro pilares envolvidos no processo de modelação física das interdependências das infra-estruturas críticas.

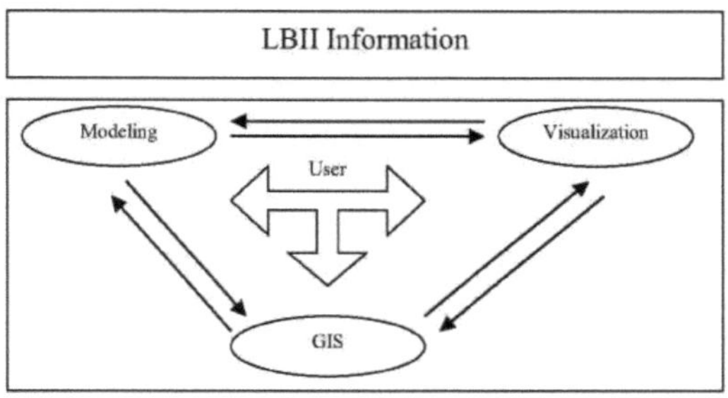

Figura 3-3. Processo de desenvolvimento do cenário LBII.

3.4.1 Modelação espacial para a gestão de catástrofes

Esta fase envolveu o desenvolvimento de cenários de simulação orientados para eventos com base num possível evento de desastre natural (terramoto) que atingiu um grande centro metropolitano (Vancouver). O cenário foi selecionado pelo facto de representar uma situação potencial que representa um perigo significativo para Vancouver e tem uma probabilidade razoável de ocorrer. Nesta fase, foram utilizados conjuntos de dados do Geological Survey of Canada, British Colombia Emergency Measures, Greater Vancouver Regional District e DMTI Spatial. As técnicas de modelação espacial foram utilizadas com base num pacote SIG proprietário conhecido como GeoServNet, que foi desenvolvido pelo Laboratório GeoICT da Universidade de York. Os pormenores da metodologia aplicada são abordados no Capítulo 5 e são apresentados na Figura 3-4.

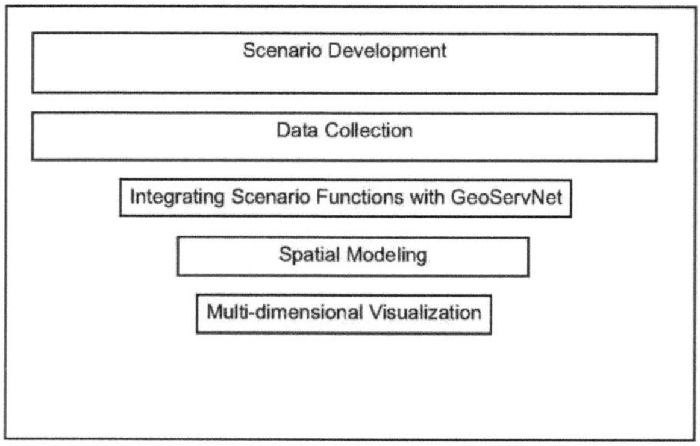

Figura 3-4. Processo de modelação espacial de infra-estruturas.

3.5. Nível físico

O nível físico serve para traduzir a base de conhecimentos para utilização na modelação da interdependência de infra-estruturas críticas. Neste nível, a informação e o conhecimento obtidos a partir do modelo concetual e utilizados no modelo lógico, foram completamente implementados utilizando diagramas da Linguagem de Modelação Unificada (UML). Posteriormente, foi construída uma base de conhecimentos espaciais utilizando a tecnologia Geodatabase do Environmental Research Institute (ESRI). Os pormenores do processo seguido nesta fase são os seguintes.

3.5.1. Conceção da base de conhecimentos espaciais

Esta fase envolveu o desenvolvimento de um modelo de geodatabase que armazena dados espaciais, relações entre objectos, informação tabular, anotações, domínios geográficos e modelos de avaliação de riscos. Todos estes componentes foram integrados como parte de uma base de conhecimentos escalável. Os parâmetros de domínio e os controlos de modelação foram identificados com base na extensão dos dados utilizados. A Figura 3-5 mostra os componentes básicos da base de conhecimentos. Foram utilizados dados espaciais em vetor, raster e elevação digital. A UML foi utilizada na conceção lógica da base de conhecimentos espaciais, para mostrar as relações entre as entidades espaciais, que foram implementadas sob a forma de objectos espaciais na base de conhecimentos espaciais.

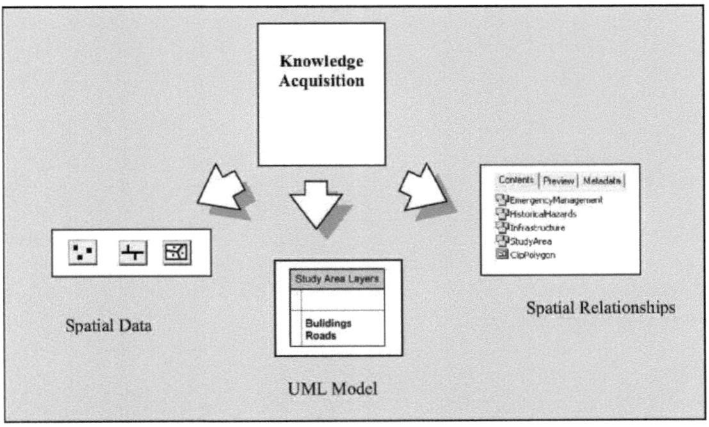

Figura 3-5. Componentes de uma base de conhecimentos espaciais.

3.6. Resumo

Este capítulo apresenta uma panorâmica das metodologias utilizadas nesta investigação. O processo subjacente à síntese do conhecimento é discutido neste capítulo. A ênfase é colocada na síntese interdisciplinar dos três principais níveis de modelação utilizados nesta dissertação (ou seja, os processos de modelação concetual, lógica e física). Este capítulo mostra explicitamente como os métodos de investigação qualitativa (ou seja, questionários, reuniões consultivas e entrevistas) foram sintetizados com a modelação espacial e a simulação hidráulica, a fim de fornecer uma base para a conceção e implementação de uma base de conhecimentos espaciais para a interdependência de infra-estruturas. O capítulo seguinte centra-se nos desafios da aplicação da interoperabilidade dos SIG.

CAPÍTULO 4

4. Desafios das aplicações para a interoperabilidade SIG

"É claro que, apesar dos excelentes esforços de muitos grupos, a abordagem do fornecimento de informação para a gestão de desastres não está a utilizar efetivamente uma riqueza de dados que reside em várias organizações e que a tecnologia existente poderia fornecer aos gestores de desastres importantes produtos de informação que poderiam salvar vidas, reduzir os danos à propriedade e diminuir os impactos ambientais dos desastres. A situação atual é caracterizada por numerosas deficiências que inibem a tomada de decisões óptimas para a gestão de desastres. A incapacidade de aceder à informação e a falta de normalização, coordenação e comunicação são obstáculos que têm de ser ultrapassados" ***National Research Council, US.***

4.1. Introdução

A interoperabilidade do SIG tem como objetivo assegurar um processo que permita a utilização de dados, informações e serviços para além das fronteiras organizacionais, e tornar a informação disponível para todos os níveis envolvidos nas actividades de gestão de desastres. Um dos primeiros estudos que teve como objetivo caraterizar a interoperabilidade dos SIG foi o de Bishr (1998), que demonstrou a necessidade de trabalhar com dados que se encontram dispersos por várias bases de dados independentes. Este objetivo foi alcançado e a Internet desempenhou um papel fundamental na ligação dos sistemas através de um protocolo de rede comum. Segundo Erharuyi e Fairbairn (2003), a capacidade de visualizar em tempo real as localizações cartográficas, determinar a escala da emergência, identificar e evacuar populações em risco e acelerar e dirigir os esforços de resposta são áreas-chave em que a interoperabilidade dos SIG é muito necessária. Consequentemente, está a surgir rapidamente um grande interesse pelas aplicações de gestão de catástrofes que utilizam o SIG na Internet. Os avanços na tecnologia da Internet, sob a forma de banda larga de alta velocidade, tornaram a interoperabilidade dos SIG mais eficaz e acessível.

Este capítulo abordará questões relacionadas com a interoperabilidade do GIS e examinará o estado da interoperabilidade do GIS na gestão de desastres, com ênfase em municípios específicos do Ontário (i.e., Toronto, Kitchener Waterloo e Dufferin County). A segunda parte deste capítulo apresentará um exemplo (i.e., um estudo de caso de demonstração) que destaca os benefícios que a interoperabilidade do GIS poderia trazer para a comunidade de gestão de desastres.

4.2. Metodologia

Foi efectuada uma análise comparativa das aplicações, dos recursos e das necessidades, a fim de examinar a necessidade real de aplicações SIG interoperáveis para a gestão de catástrofes. O foco foi colocado na cidade de Toronto, uma vez que é um dos maiores centros metropolitanos do Canadá. O estudo comparou Toronto com cidades similares selecionadas de média e pequena dimensão no Canadá. A cidade de Vancouver foi escolhida com base na sua dimensão comparável, na estrutura administrativa semelhante e na semelhança das actividades operacionais relacionadas com a gestão de emergências.

Foi cuidadosamente concebido um questionário com o objetivo de abordar três questões, nomeadamente 1) usabilidade do SIG centrado na rede; 2) aplicações e exemplos de interoperabilidade SIG; e 3) questões e desafios relacionados com a existência de sistemas SIG interoperáveis. O questionário (Apêndice B) foi enviado a cada município e as respostas foram obtidas por correio eletrónico ou por teleconferência. Os resultados obtidos com o questionário são discutidos nas secções 3.4 a 3.9.

A terceira parte desta metodologia consistiu em fornecer um exemplo de solução de demonstração da aplicação óptima da interoperabilidade para cada um dos municípios estudados. A aplicação desenvolvida utilizou conjuntos de dados para a cidade de Toronto obtidos através da biblioteca de mapas da Universidade de York, com dados digitais de elevação e informações sobre bacias hidrográficas obtidas da Autoridade de Conservação da Região de Toronto. A metodologia utilizada neste estudo é apresentada na Figura 4-1.

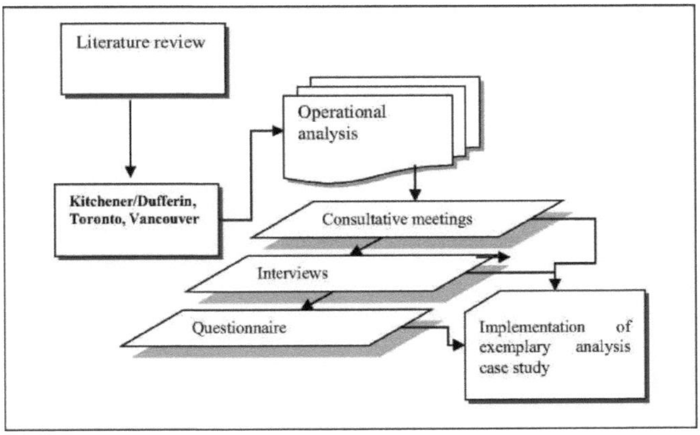

Figura 4-1. Processo de desenvolvimento de um modelo concetual.

4.3. Análise da interoperabilidade na cidade de Toronto

A cidade de Toronto está situada no sudeste do Ontário, num planalto de grande declive cortado por numerosos vales fluviais. Toronto, uma das maiores cidades do Canadá, cobre 641 km2 e estende-se por 43 km de este a oeste e 21 km de norte a sul nos seus pontos mais longos (Wright et al. 2000). A cidade de Toronto tem um departamento que se ocupa da cartografia de emergência, conhecido como Departamento de Serviços de Cartografia de Emergência. Foi criado em 1999 como resultado da fusão dos municípios de Toronto, Scarborough e North York na Greater Toronto Area (GTA). O Serviço de Cartografia de Emergência da Cidade de Toronto está a trabalhar para atingir um nível avançado de interoperabilidade que integre dados, processamento e semântica em aplicações e serviços. Atualmente, o departamento utiliza tecnologias SIG de secretária e SIG baseadas na Web para processar e coordenar as actividades de gestão de catástrofes. O pessoal do departamento de serviços de cartografia é composto por mais de 180 pessoas, com responsabilidades que vão desde as funções técnicas às de gestão. O Departamento de Cartografia de Emergência está localizado num edifício de três andares. Surpreendentemente, o financiamento destas instalações está estimado em menos de 1% do orçamento total da cidade de Toronto.

4.3.1. Situação atual da interoperabilidade em Toronto

Considera-se que a interoperabilidade SIG baseada na Web é extremamente importante para a cidade de Toronto, tal como evidenciado pelo facto de a cidade estar a transferir todos os serviços e aplicações de cartografia SIG para tecnologias baseadas na Web. Os melhores exemplos de incidentes em que a interoperabilidade SIG baseada na Web foi considerada de grande utilidade para a cidade de Toronto incluem: intercâmbio de dados entre governos locais, intercâmbio de dados entre governo e utilizadores empresariais e intercâmbio de dados entre governo e empresas de serviços públicos. O grupo de TI da cidade de Toronto acredita que o SIG baseado na Web representa a próxima geração de SIG e que acabará por ser utilizado em todo o lado. O departamento de cartografia de emergência da cidade de Toronto está a coordenar com organizações da sociedade civil que trabalham nas dimensões sociais da gestão de catástrofes e na ajuda à resposta a emergências em termos de partilha cooperativa de dados, partilha de normas comuns de intercâmbio de dados e formação cruzada do pessoal.

4.3.1.1 Aplicações de interoperabilidade em Toronto

A necessidade de interoperabilidade do SIG foi demonstrada pela cidade de Toronto numa série de ocasiões. Os exemplos mais recentes envolveram a modelação do vírus do Nilo Ocidental e da Síndrome Respiratória Aguda Grave (SARS). As aplicações SIG são muito úteis na modelação de surtos de doenças epidémicas, uma vez que o SIG fornece a informação de localização e os padrões de difusão em bases de dados visuais. Além disso, proporciona o nível de coordenação desejado entre as autoridades sanitárias, as autoridades municipais e os decisores da comunidade. A cidade de Toronto também utilizou o SIG no planeamento de dois grandes festivais, nomeadamente: (1) o Dia Mundial da Juventude, em 2001, e (2) o concerto dos Rolling Stones, em 2003. Estes dois eventos contaram com a participação de centenas de milhares de pessoas. Em caso de emergência, não seria fácil encontrar vias de comunicação adequadas, ou o hospital ou prestador de serviços mais próximo. A interoperabilidade do SIG pode certamente ajudar em cada um destes aspectos. Para além destes exemplos, a cidade de Toronto utilizou a interoperabilidade SIG para uma variedade de planos de evacuação, incluindo exercícios de planeamento nuclear.

4.4 Comparação com Vancouver

A cidade de Vancouver está localizada no sudoeste da Colúmbia Britânica, no Canadá, e faz parte do Distrito Regional da Grande Vancouver (GVRD), também chamado de Lower Mainland. O departamento de gestão de emergências é a agência da cidade de Vancouver que se ocupa da cartografia de emergências. As aplicações SIG para a gestão de emergências na cidade de Vancouver têm mais de 15 anos. Isto torna as aplicações SIG para a gestão de catástrofes na cidade de Vancouver muito maduras. Tanto o SIG de secretária como o SIG de Internet, para além do SIG móvel, são utilizados regularmente para processar e coordenar as actividades de gestão de catástrofes no terreno.

O departamento de gestão de emergências da cidade de Vancouver é administrado por cerca de 20 membros do pessoal técnico do SIG. Opera o Centro de Operações de Emergência (EOC), que é um centro de controlo de comando onde todos os intervenientes na gestão de catástrofes (Cidade de Vancouver, Província de BC, PSEPC e RCMP) se reúnem durante situações de emergência. O COE é um centro de emergência sofisticado que fornece serviços completos de gestão de emergências, incluindo modelação e visualização GIS. A cidade de Vancouver baseia-se principalmente no SIG de secretária para o processamento de dados, mas também no SIG móvel, que é utilizado para a recolha de dados no terreno.

4.4.1. Situação atual da interoperabilidade em Vancouver

A cidade de Vancouver manifestou um grande interesse na interoperabilidade dos SIG para a coordenação da gestão de catástrofes. O objetivo do plano de desenvolvimento da tecnologia GIS para a cidade de Vancouver é criar uma base de dados GIS tão completa quanto possível e que possa ser actualizada diariamente ou mesmo com maior frequência, se necessário. Além disso, o papel importante do Web-GIS nas actividades diárias do departamento de gestão de emergências justificou ainda mais a necessidade de um SIG interoperável. Esta justificação decorre de um processo de tomada de decisões com várias partes interessadas, várias instituições e vários níveis. Utilizando os mesmos níveis de integração evidentes na cidade de Toronto, a cidade de Vancouver está a integrar as suas fontes de dados com vários níveis governamentais, bem como com as empresas (por exemplo, a cidade de Vancouver também partilha a visão da cidade de Toronto de que as aplicações SIG baseadas na Web serão dominantes no futuro).

Existe um elevado nível de coordenação entre a cidade de Vancouver e as suas ONG que estão representadas no Centro de Operações de Emergência (COE) da cidade. Esta coordenação permite que estas organizações tenham um envolvimento direto nos processos de tomada de decisão, bem como facilita o acesso aos dados e à informação do Centro de Operações de Emergência.

A cidade de Vancouver alargou as suas aplicações SIG para abordar as implicações sociais das catástrofes. A cidade de Vancouver coordena a entrega de dados SIG de uma forma interoperativa a nível local entre os departamentos de Engenharia, Polícia e Bombeiros, bem como com outras agências governamentais. A recolha de dados no terreno utilizando dispositivos SIG móveis é a aplicação mais avançada em Vancouver.

Em termos de desafios, o COE da cidade de Vancouver forneceu os conhecimentos SIG da cidade a vários níveis de decisão envolvidos na gestão de catástrofes e emergências. Isto pode ser justificado pelo facto de Vancouver ser considerada mais vulnerável do que Toronto, devido à localização de Vancouver numa zona sismicamente ativa e à proximidade da cidade ao oceano. A cidade de Vancouver identificou a partilha de dados intergovernamentais como um problema para conseguir uma coordenação colaborativa da gestão de catástrofes.

Isto deve-se em grande parte à dificuldade de extrair informações importantes do sistema.

4.5. Comparação com a região de Waterloo

A cidade de Kitchener, no sudoeste do Ontário, tinha uma população de cerca de 204 000 habitantes em 2004 (Departamento de Geografia da Universidade de Western Ontario, 2000). Kitchener é a sede do município regional de Waterloo e é adjacente à cidade mais pequena de Waterloo. O departamento de TI desta região é responsável pelas aplicações SIG, incluindo as aplicações de gestão de emergências. São utilizados tanto SIG de secretária como SIG de Internet, com ênfase no SIG de secretária.

A Região de Waterloo utilizou a interoperabilidade SIG para a gestão de emergências pela primeira vez na preparação da Lei de Gestão de Emergências do Ontário. No processo de cumprimento desta lei, o Ministério do Ambiente do Canadá lançou o sítio Web sobre riscos atmosféricos (www.hazards.ca.), que fornece um serviço SIG interoperável para todos os municípios. O Quadro 4-1 apresenta uma análise comparativa das capacidades de tratamento de dados nos municípios estudados. Como é óbvio a partir desta tabela, os municípios maiores têm melhores recursos.

Tabela 4-1. Capacidades de tratamento de dados entre os municípios estudados.

Data	Toronto	Vancouver	Waterloo	Dufferin
Production	Yes	Yes	Limited	No
Sharing	Limited	Limited	No	No
Conversion	Yes	Yes	Yes	Yes
Commercialization	Yes	Yes	Limited	No

4.6. Comparação com o Condado de Dufferin

O Condado de Dufferin está localizado no centro-sul de Ontário, Canadá. Orangeville, a sede do condado, situa-se a cerca de 75 km a noroeste de Toronto. É composto por três cidades: Mono, Orangeville e Shelburne; e cinco municípios rurais: Amaranth, East Garafraxa, East Luther Grand Valley, Melancthon, e Mulmur. Embora a região seja pequena, tem um Coordenador de Gestão de Emergências desde 1989.

O condado de Dufferin é uma pequena região típica com recursos limitados. As actividades de gestão de emergências nesta região podem ser diretamente relacionadas e comparadas com as das grandes regiões. O Condado de Dufferin não dispõe de um funcionário especializado em SIG para tratar das questões de cartografia de emergência. Todo o trabalho de SIG relacionado com a gestão de emergências e outras actividades é gerido por um técnico de obras públicas. A Tabela 4-2 apresenta uma análise operacional comparativa dos municípios avaliados no estudo.

Tabela 4-2. Comparação dos recursos disponíveis para os municípios estudados.

Resources	Toronto	Vancouver	Waterloo	Dufferin
Emergency Mapping	Yes	Yes	Yes	No
GIS General Operations	Yes	Yes	Limited	No
Emergency Operations Center	Yes	Yes	No	No
Specialized GIS Personnel	Yes	Yes	Yes/IT Dept.	No
Need for External resources	No	No	Limited	Yes

4.7. Estudo de caso de demonstração

Esta secção demonstra a solução óptima que a interoperabilidade dos SIG pode proporcionar para melhorar as operações de gestão de emergências. O cenário de demonstração concebido decorre dos vários problemas de heterogeneidade de dados e sistemas encontrados ao analisar a utilidade da interoperabilidade dos SIG para a gestão de emergências em quatro administrações locais. É importante mencionar que o principal objetivo desta secção é demonstrar como a interoperabilidade do SIG pode fornecer uma solução para a gestão de catástrofes. Portanto, o foco aqui não é mostrar os resultados da modelação, mas sim o Capítulo 6. No Capítulo 6, foi utilizado um cenário pormenorizado utilizando a mesma técnica e dados reais, a partir dos quais foi derivada a base de conhecimentos. Hipoteticamente, pode ser simulada uma resposta a uma emergência para mostrar como funciona a interoperabilidade dos SIG numa situação deste tipo e o que esta pode proporcionar aos decisores da gestão de emergências. No caso presente, quando os vários cenários de inundação sob diferentes níveis de inundação tiverem sido simulados e os danos puderem ser avaliados, os resultados obtidos podem ser publicados e visualizados num ambiente Web 3D utilizando o GeoServNet.

Foi utilizado um cenário hipotético de inundação no Don Valley para demonstrar a solução que a interoperabilidade dos SIG pode proporcionar à gestão de emergências. O rio Don é um sistema que atravessa a área da Grande Toronto (GTA). A origem do rio Don está na Oak Ridges Moraine, onde as cabeceiras são alimentadas por numerosos aquíferos. O rio corre depois por 38 km até ao Lago Ontário, fornecendo drenagem para 360 km quadrados de terra. A secção utilizada para este estudo faz parte do sistema da bacia hidrográfica do Vale do Don na província de Ontário, como mostra a Figura 4-2. DMTI Topográfico digital

Os mapas na forma de shapefiles e DEM foram obtidos na biblioteca de mapas da Universidade de York (DMTI 2004). As folhas topográficas da área foram utilizadas como referência para a realização deste estudo. Os dados que descrevem as estatísticas de fluxo foram simulados.

4.7.1 Actores e funções da gestão de emergências

Com base na Doutrina de Gestão de Emergências do Ontário (EMO 2004), diferentes ministérios são responsáveis por lidar com diferentes riscos naturais. Esta secção apresenta uma panorâmica genérica dos benefícios exactos que cada ministério pode obter utilizando a interoperabilidade SIG. Devido a questões de privacidade e segurança da informação, não foi possível simular este modelo como parte de um exercício real. No entanto, as técnicas adoptadas imitaram de perto o ambiente do exercício de simulação.

4.7.1.1 Autoridade de Conservação de Toronto e Região (TRCA)

A TRCA foi criada com o objetivo de supervisionar e assumir a responsabilidade pelas questões relacionadas com a hidráulica e a hidrologia. A TRCA é responsável pela simulação de cheias, pela cartografia das planícies aluviais e pela medição da superfície da água. Todos os dados hidráulicos e hidrológicos estão sob a custódia da TRCA. Nesse caso, a TRCA fornecerá modelos e dados de inundação através de um acesso interoperável a todos os decisores envolvidos. Produtos como o mapa de planícies de inundação apresentado na Figura 4-3 podem ser simulados e disponibilizados a todos os actores envolvidos. Modelos de consciência situacional em tempo real e semirreal podem ser gerados e acedidos a pedido com base nas necessidades das partes interessadas. Também é possível aceder a informações tabulares e textuais.

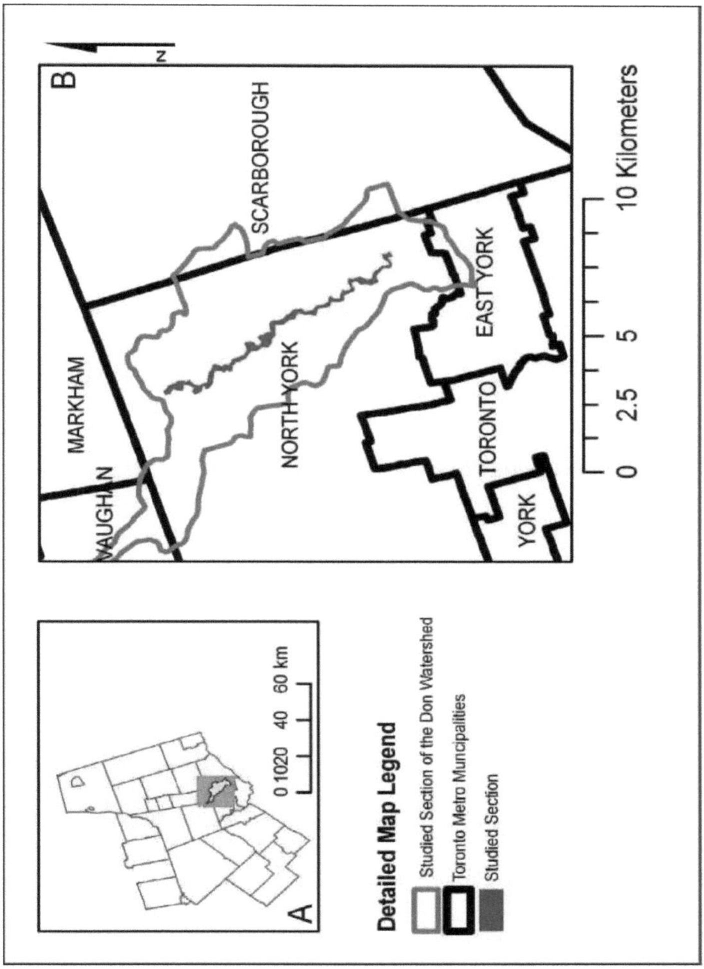

Figura 4-2. Área de estudo de Don Valley; (A) Localização de Don Valley em relação aos limites municipais da Grande Área de Toronto (GTA), Toronto, Canadá; e (B) Limites pormenorizados de Don Valley.

4.7.1.2. Serviços de emergência da cidade de Toronto

Os serviços de emergência da cidade de Toronto são responsáveis pela prestação de serviços numa variedade de situações, desde simples encerramentos para manutenção de estradas até situações de catástrofe extrema. A cidade produz e aloja os seus próprios dados e tem como objetivo tornar os dados normalizados e interoperáveis com outras partes. A cidade de Toronto pode fornecer dados sobre as categorias de utilização do solo afectadas em resultado da inundação e sobre o tipo de sectores de infra-estruturas que podem ser afectados pela inundação, como mostra a Figura 4-4. A cidade também pode fornecer informações de campo em tempo real, utilizando dispositivos móveis interoperáveis para a recolha e transmissão de dados.

4.7.1.3. Polícia e bombeiros de Toronto

O Serviço de Polícia de Toronto é responsável pela manutenção da lei e da ordem na cidade. Em situações de emergência, o departamento de polícia da cidade pode utilizar a interoperabilidade SIG de uma forma muito eficiente. Isto inclui o acesso a dados sobre inundações fornecidos pelo departamento de cartografia de emergência da cidade e os dados fornecidos pela Autoridade de Conservação da Região de Toronto (TRCA), identificando as áreas mais vulneráveis a problemas de trânsito. Com base nesta informação, podem ser destacados agentes para organizar o tráfego nessa região. Outro exemplo de como a interoperabilidade do SIG pode ser utilizada é o facto de a polícia poder transmitir dados de campo em tempo real sobre problemas de tráfego, ou quaisquer problemas de segurança relacionados, em tempo real para todas as partes interessadas envolvidas num determinado cenário de gestão de emergências.

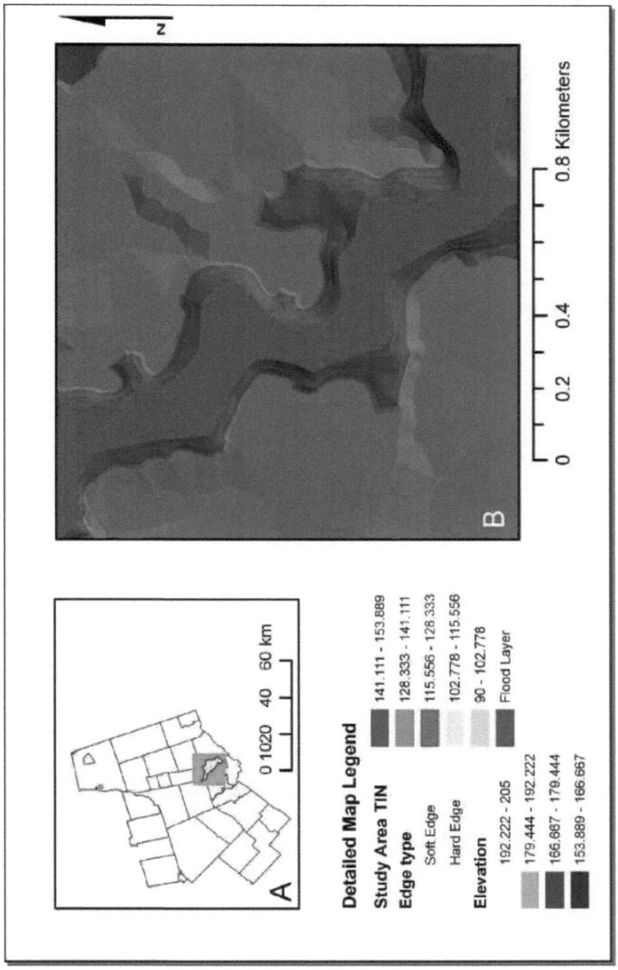

Figura 43, Cenário de inundação; (A) Localização de uma secção de foco do Don Valley dentro da GTA, Toronto, Canadá; e (B) Cenário de inundação pormenorizado na área de estudo com a inundação simulada apresentada no topo do modelo digital de nivelamento.

Em situações de emergência, os bombeiros podem desempenhar um papel semelhante ao da polícia municipal, mas, além disso, podem ajudar nas operações de evacuação de determinados locais da cidade. Além disso, os bombeiros podem aceder aos dados e informações fornecidos pela cidade e pela TRCA para identificar as zonas mais vulneráveis e concentrar aí os seus esforços.

4.7.1.4 Serviços de emergência médica (EMS)

Os serviços de emergência médica de Toronto podem utilizar os dados e informações do SIG para prever as áreas de elevado risco de ocorrência de uma emergência e para planear a forma como podem enviar os seus serviços para essas áreas. Outra utilidade importante da interoperabilidade SIG para o EMS é o facto de, em situações de emergência, não ser fácil dar prioridade à resposta a chamadas de diferentes partes da cidade. Saber de onde vem uma chamada em relação à emergência é inestimável para dar prioridade à resposta.

4.7.1.5 Gestão de Emergências do Ontário (EMO)

Um papel fundamental do INEM é monitorizar as situações de emergência e não se envolver a menos que seja necessário. Para este efeito, a interoperabilidade do SIG pode fornecer ao INEM modelos melhorados de conhecimento da situação, reunindo dados de todos os diferentes departamentos e disponibilizando-os para análise e visualização básicas, como se mostra na Figura 4-5. A legenda no clip foi capturada do programa baseado na Web. É interactiva e pode ser mostrada activando a função de legenda ou apontando para o item específico no mapa.

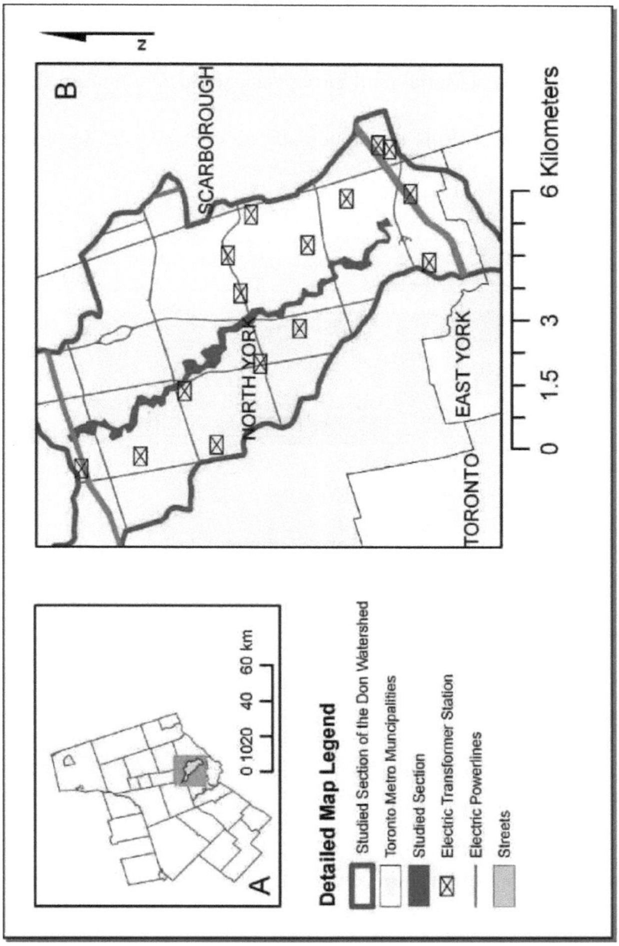

Рисунок 44. Близость инфраструктуры; (A) Расположение фокусного участка долины Дона в пределах GTA, Торонто, Канада; и (B) детализация близости инфраструктуры к масштабам наводнения.

4.8. Pontos fortes e pontos fracos

A interoperabilidade dos SIG pode trazer enormes benefícios para a comunidade de gestão de catástrofes e emergências. A análise do questionário revela claramente que o nível e a capacidade de interoperabilidade dos SIG para a gestão de emergências não estão muito bem estabelecidos ou utilizados a nível municipal, em especial nos pequenos municípios estudados. A computação centrada na rede é necessária para processar grandes volumes de dados e é conseguida através da partilha da capacidade de computação de outros sistemas dentro da rede.

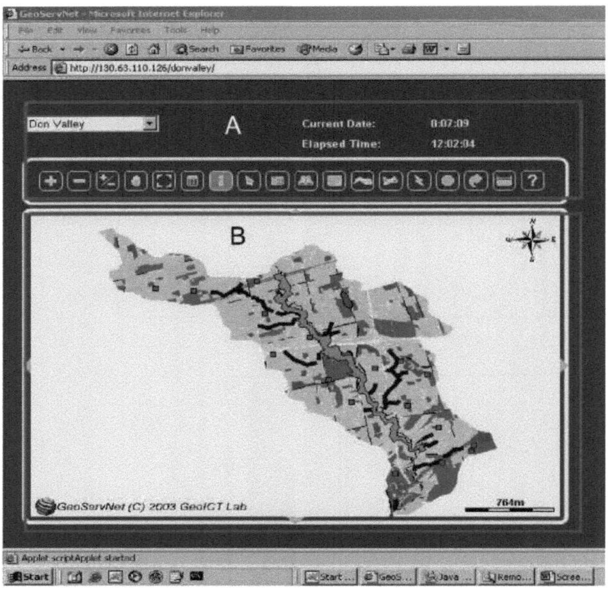

Figura 4-5. Interface web do GeoServNet; (a) controlos do GeoServNet; e (b) visualização e análise do cenário de inundação de Don Valley.

Uma limitação de um ambiente não interoperável é que os utilizadores de diferentes níveis de decisão não podem aceder à mesma informação ao mesmo tempo. Nesse caso, não é uma tarefa simples garantir o acesso e o processamento simultâneos dos dados. Este facto torna a eliminação da heterogeneidade dos sistemas e dos dados potencialmente muito útil para as aplicações de gestão de catástrofes. Estas aplicações fazem da interoperabilidade dos SIG um mecanismo altamente exigente para a coordenação da gestão de catástrofes.

4.8.1. Pontos fortes

A interoperabilidade dos SIG é muito útil na gestão de catástrofes e emergências. As partes interessadas na gestão de catástrofes e emergências podem beneficiar da interoperabilidade dos SIG, obtendo acesso a SIG normalizados, rápidos, acessíveis e partilhados, para obterem processos de tomada de decisões eficientes. Esta secção salienta alguns dos principais benefícios de implementação que a comunidade de gestão de emergências pode obter ao tirar partido da interoperabilidade SIG.

O estabelecimento de aplicações e serviços interoperáveis avançados é um objetivo futuro fundamental dos planos de desenvolvimento de SIG e tecnologia na cidade de Toronto. Um segundo objetivo é o de fornecer os serviços geomáticos necessários para apoiar os desafios de deteção, prevenção, planeamento, resposta e recuperação da gestão de emergências da cidade de Toronto.

A cidade de Vancouver está a trabalhar para melhorar e alargar o atual nível de interoperabilidade, a fim de melhorar a eficácia da sua coordenação da gestão de catástrofes. Está também a trabalhar para melhorar a computação SIG centrada na rede através de um plano de avaliação e atualização de três anos. Além disso, a cidade está a considerar alargar as suas aplicações de visualização e análise para incluir SIG 3D. A cidade de Vancouver está também à procura de contribuições universitárias na área da gestão e partilha de dados.

O serviço de emergência deve ter como objetivo ser atempado e preciso, pelo que a informação geoespacial e os serviços de geoprocessamento são facilmente acessíveis e capazes de serem partilhados entre jurisdições e níveis de segurança múltiplos. Além disso, a cidade planeia ir mais longe para promover a interoperabilidade e as capacidades do SIG através do alojamento de um sítio de serviço de mapas na Web (WMS/WFS). O departamento de cartografia de emergência GIS da cidade de Toronto pretende também obter assistência das universidades para o desenvolvimento de GIS para aplicações de gestão de catástrofes no que respeita ao desenvolvimento de normas e especificações. A cidade de Toronto tenciona utilizar o SIG baseado na Web para projectos de gestão de catástrofes e de resposta a emergências para planos operacionais e, em caso de emergência, para uma resposta a incidentes centrada na geomática. Os benefícios específicos resultantes da interoperabilidade dos SIG são resumidos nas secções seguintes.

4.8.1.1 Abertura e formato comum

A interoperabilidade do SIG permite o acesso aberto a múltiplas fontes de dados. Esta vantagem ajuda os decisores a aceder a vários servidores, obtendo assim dados e serviços que não se encontram necessariamente no mesmo local ou mesmo dentro do mesmo limite organizacional.

Através da interoperabilidade dos SIG, a comunidade de gestão de emergências pode avançar para um ou vários formatos de dados normalizados estreitamente relacionados que podem ser utilizados na transferência de dados e na partilha de informações.

4.8.1.2. Simplificação e transparência

A interoperabilidade SIG baseada em normas ajuda a fornecer um meio simples e acessível de integração aos decisores. Isto é crucial, uma vez que as operações de gestão de emergências podem beneficiar consideravelmente de um processo que permita a recolha, modelação e análise atempada de informações. Se o sistema não for simples e acessível, não será facilmente implementado durante a gestão de catástrofes e a resposta a emergências. A interoperabilidade do SIG, através dos seus protocolos normalizados, permitiu que os utilizadores do SIG utilizassem um serviço simples e normalizado.

No contexto da interoperabilidade, a transparência refere-se ao processo de acesso e partilha de dados entre sistemas sem a utilização de protocolos complicados e pesados. Isto difere do conceito de "formato comum", na medida em que um formato comum não é necessariamente fácil de utilizar. Através de um sistema transparente, os intervenientes na gestão de emergências podem aceder facilmente a dados e sistemas SIG externos ao seu domínio de sistema.

4.8.1.3. Escalabilidade

A interoperabilidade do SIG pode ser alargada ou reduzida através da adição ou eliminação de nós. Esta flexibilidade na escalabilidade dos sistemas e serviços é útil nas operações de gestão de emergências, que, devido à sua natureza dinâmica e rápida, requerem a adaptação a situações previamente inesperadas.

4.8.2 Pontos fracos

Até à data, foram envidados esforços consideráveis para fornecer soluções eficientes e interoperáveis para a gestão de catástrofes e emergências. No entanto, a interoperabilidade dos SIG continua a ser um domínio estimulante e a investigação está ainda em curso para abordar muitos aspectos da interoperabilidade. As subsecções seguintes abordam problemas e desafios específicos que subsistem neste domínio.

4.8.2.1. Operacional

Do ponto de vista operacional, há questões específicas relacionadas com o grau em que a conversão de dados impede uma interoperabilidade eficiente dos dados. Isto pode acontecer se, por exemplo, um determinado departamento estiver a utilizar dados de engenharia armazenados num formato CAD (Computer Aided Design) e outro departamento estiver a utilizar dados armazenados em formatos shapefile do ArcGIS. Estes dois formatos podem ser tornados compatíveis através da conversão dos dados CAD para o formato shapefile. O tempo necessário para este processo depende da dimensão dos dados e das capacidades do sistema.

Diferentes processos e técnicas são utilizados por diferentes departamentos. Este facto pode criar um obstáculo à interoperabilidade do SIG. É necessário um processo simplificado e capacidades de sistema para uma interoperabilidade SIG eficaz. Os diferentes departamentos têm pessoal especializado e capacidades técnicas, o que torna o processo de cumprimento dos requisitos de interoperabilidade SIG difícil e moroso. Outra questão está relacionada com a carga da largura de banda. Este aspeto é muito importante para garantir um desempenho eficiente da rede sem a sobrecarga de uma rede específica.

A manutenção e atualização dos dados é outra questão que representa um obstáculo à interoperabilidade dos SIG. Quando não existe uma política clara que identifique as funções e responsabilidades de cada nó de um sistema interoperável, a atualização, manutenção e gestão dos dados pode ser um desafio.

4.8.2.2. Gestão

Os direitos de acesso a informações sensíveis, como as infra-estruturas e a gestão de emergências, representam outra questão. Muitos dados e informações sobre a gestão de catástrofes não se destinam, por várias razões, ao acesso público e, por conseguinte, são classificados como "confidenciais". Quais são os critérios que devem ser utilizados para classificar os dados e as informações num nível de autorização específico? Esta é uma questão-chave e um desafio que pode representar um sério obstáculo à interoperabilidade dos SIG. Outra questão crucial está relacionada com as políticas empresariais de aquisição de tecnologia, que podem contribuir para atrasar a implementação.

4.8.2.3 Normas de intercâmbio de dados

O estudo revela que a cidade de Toronto produz e detém os seus próprios dados, ao mesmo tempo que utiliza dados de outras regiões vizinhas. O nível de partilha de dados sob esta forma não constitui "interoperabilidade". No entanto, esta poderia ser melhorada através da utilização de normas de intercâmbio de dados para tornar estes dados utilizáveis não só por Toronto e regiões vizinhas, mas também por qualquer outra instituição envolvida em operações de gestão de emergências. A cidade de Vancouver, que utiliza os seus dados produzidos localmente juntamente com outros dados não proprietários, poderia obter o mesmo benefício.

As regiões de Waterloo e Dufferin utilizam conjuntos de dados externos, indicando uma clara necessidade de normas de dados e interoperabilidade SIG, uma vez que ambas as regiões utilizam o mesmo serviço Web e têm problemas diferentes que poderiam ser eliminados através de uma partilha adequada de dados

SIG. A região de Waterloo indicou que, ao utilizar o serviço Web do Environment Canada, tinha tido problemas relacionados com o nível de pormenor e com a correspondência de camadas. Isto indica uma heterogeneidade que poderia ter sido evitada através da utilização de um modelo e formato de dados normalizados.

4.8.2.4. Competências técnicas limitadas

O gestor de emergências da região de Dufferin deparou-se com um problema ao lidar com o serviço SIG Web em linha, considerando-o demasiado técnico por natureza. Em contrapartida, grandes cidades como Toronto e Vancouver têm departamentos técnicos especializados capazes de lidar com questões técnicas de SIG. A interoperabilidade dos SIG pode ajudar a eliminar os conhecimentos técnicos pormenorizados necessários para utilizar os pacotes SIG de secretária e pode proporcionar uma vantagem adicional considerável, na medida em que pode ser utilizada pela Internet por muitos utilizadores em simultâneo.

4.8.2.5. Gestão descentralizada de dados

Como o caso da cidade de Toronto indicou, as grandes cidades produzem, utilizam e partilham dados com outros utilizadores. No entanto, isto é feito através de um intercâmbio de dados processual e não através de um processo sistemático e dinâmico. A interoperabilidade do SIG atinge esta capacidade na medida em que pode permitir o tratamento e o acesso descentralizados aos dados a partir de diferentes servidores.

Os condados de Waterloo e Dufferin podem aceder e visualizar dados a partir de um serviço Web interoperável, que lhes dá acesso a dados de que não são proprietários. Este nível de interoperabilidade SIG ajuda a fornecer uma solução eficiente para o desafio do acesso atempado a dados de gestão de emergências. Ao mesmo tempo, reduz a duplicação de conjuntos de dados em mais do que um sítio, poupando assim recursos de armazenamento.

4.9. Resumo

Este capítulo destaca os desafios da aplicação da interoperabilidade dos SIG para a gestão de catástrofes e emergências, com ênfase nos sectores das infra-estruturas críticas. A primeira parte deste capítulo apresenta uma análise comparativa das operações de gestão de emergências na cidade de Vancouver, na cidade de Toronto, na região de Kitchener Waterloo e no condado de Dufferin. Foram utilizados vários métodos de investigação qualitativa para recolher informações dos principais decisores envolvidos na gestão de emergências. A análise operacional centrou-se na descoberta dos desafios que cada município enfrenta para conseguir a interoperabilidade do SIG.

A segunda parte deste capítulo apresenta um estudo de caso baseado num cenário simulado, que tem por objetivo demonstrar a utilidade da interoperabilidade dos SIG para a gestão de catástrofes. É utilizado um cenário de simulação de inundação para demonstrar soluções aplicáveis ao desafio de como os SIG na Internet podem fornecer aos gestores de emergências um meio de utilizar abordagens baseadas na interoperabilidade e na integração para melhorar o seu processo de tomada de decisões. Este capítulo também discute os pontos fortes e fracos da utilização da interoperabilidade dos SIG na gestão de catástrofes. O capítulo seguinte centra-se na utilização do SIG para modelação e visualização de cenários de gestão de emergências.

CAPÍTULO 5

5. Interdependência das infra-estruturas baseadas na localização (LBII)

"A gestão de catástrofes não é um processo linear que possa ser facilmente documentado num fluxograma com um início imediatamente aparente e um ponto final absoluto. Pelo contrário, é um processo cíclico de aproximação, resposta e recalibração que envolve muitos actores diferentes cujos papéis em relação uns aos outros são susceptíveis de mudar com base nas circunstâncias e na fase do processo" ***James Farley Pioneer GIS in Disaster Management Researcher***

5.1. Introdução

Os desastres são processos dinâmicos (Alexander 1993) que, pela sua própria natureza, são espacialmente orientados (Waugh 1995). De acordo com Montoya-Morales (2002), a maioria das ferramentas actuais que são usadas para a gestão de desastres concentram-se na componente temporal das quatro fases do processo de gestão de desastres, deixando uma lacuna óbvia ao lidar com o elemento espacial. A sua ênfase na dimensão espacial faz com que as tecnologias SIG sejam ideais para simular as relações espaciais complexas que existem entre infra-estruturas críticas (ou seja, as suas interdependências), ao mesmo tempo que são capazes de integrar outras ferramentas de modelação. Nash et al. (2005) mostraram que os SIG temporais podem efetivamente combinar as dimensões temporal e espacial. Vários estudos, incluindo Briggs (2005); Dietzel et al. (2005); Giardino et al. (2004); Gupta e Singh (2005); Abdalla et al. (2006); e Laben, (2002) delinearam a importância de abordar os aspectos espácio-temporais da gestão de catástrofes. Estes estudos tentaram estabelecer um sistema de informação eficiente e avançado que pode acomodar múltiplos eventos com a ajuda do GIS.

5.2 O conceito de LBII

A interdependência de infra-estruturas baseada na localização (LBII) refere-se a um subconjunto do tipo geográfico de interdependência de infra-estruturas discutido por (Rinaldi et al. 2001). A principal caraterística do LBII é que pode integrar o fator espacial ao nível da microescala, sem deixar de incorporar os aspectos físicos associados. A LBII oferece aos decisores a capacidade de modelar e visualizar cada sector e subsector das infra-estruturas críticas, com base nas suas caraterísticas espácio-temporais. Isto é conseguido, em parte, através da integração do SIG com outras técnicas de modelação científica (Abdalla et al. 2005). A LBII permite aos decisores identificar o tipo de relações que coexistem em termos de:

1- Que sectores estão co-localizados numa determinada área?

2- Quais são as potenciais falhas em cascata, em escalada e de causa comum que podem ocorrer numa determinada área em consequência de fenómenos extremos?

3- Qual poderá ser a perda acumulada nestes sectores?

4- Que tipo de danos individuais ou combinados podem sofrer estes sectores e esta área em particular?

5-2 .1. A LBII como conceito de gestão de emergências

A LBII é um conceito de preparação e resposta que tira partido de uma ferramenta de informação espacial muito poderosa (ou seja, o SIG) para integrar diferentes capacidades de modelação e fornecer uma visualização centrada na rede para apoio à decisão. É imperativo que reconheçamos a LBII como um conceito que utiliza as funções do GIS para produzir informação para os decisores. A LBII utiliza os princípios de gestão de desastres, juntamente com as funções do GIS, e integra diferentes técnicas e ferramentas de modelação para benefício dos decisores. Com base nos conceitos de interdependência de infra-estruturas discutidos no Capítulo 3, no LBII, a modelação-GIS pode ser integrada com outro software de modelação e é capaz de abordar e responder a questões relacionadas com a interdependência; por exemplo, as questões relacionadas com o impacto dos efeitos em cascata em locais específicos podem ser facilmente abordadas. A Figura 5-1 resume o conceito de interdependência de infra-estruturas com base na localização. Como se pode ver na Figura 5-1, o SIG é a espinha dorsal do conceito LBII. Como é evidente na ilustração, a parte central de um SIG é a base de dados. Através desta, um modelo de geodatabase pode ser utilizado para armazenar informação espacial e não espacial obtida a partir de diferentes ferramentas de modelação (i.e., inundação). Como se mostra nesta dissertação, a informação de modelação hidráulica, a informação geológica e os modelos de informação não espacial de entrada/saída podem ser todos integrados como parte da geodatabase. Assim, o conceito LBII utiliza princípios básicos de gestão de emergências e integração de SIG e capacidades analíticas para fornecer apoio à decisão para a gestão de catástrofes.

O conceito LBII pode ser muito eficaz no fornecimento de apoio eficiente aos decisores. Por exemplo, acontecimentos como o apagão de agosto de 2003 no nordeste dos Estados Unidos e no sul de Ontário sublinham a necessidade importante de um conhecimento pormenorizado das infra-estruturas críticas e da sua interdependência em várias regiões. A cidade de Toronto, em particular, demonstrou uma necessidade crucial de uma melhor compreensão da LBII devido à complexidade do grande número de sectores de infra-estruturas críticas nesta cidade. O Apêndice C mostra o processo de aplicação do conceito LBII ao evento do apagão na cidade de

Toronto.

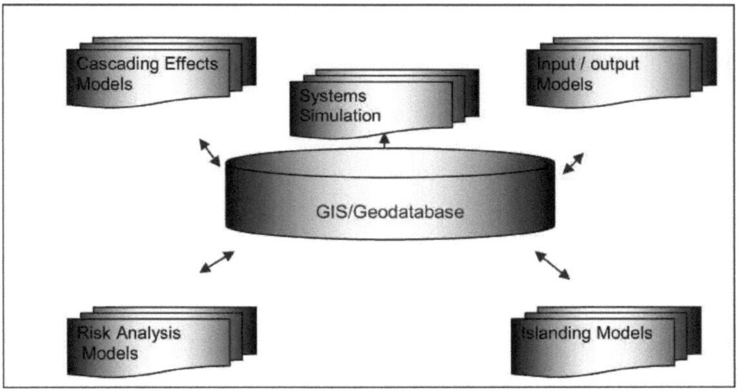

Figura 5-1. Conceptualização da integração do SIG para a LBII.

5.1.2. Identificar a LBII

As etapas seguintes são consideradas na identificação da interdependência das infra-estruturas baseadas na localização (Abdalla e Tao 2005):

1. Identificar as infra-estruturas críticas.
2. identificar e analisar os processos a que estas infra-estruturas estão sujeitas; identificar os riscos que se lhes deparam.
3. analisar as dependências e vulnerabilidades destas infra-estruturas.
4. identificar as interdependências.
5. modelar e visualizar;
6 . aplicar o plano de gestão dos riscos.

5.1.3. Abordagens para a modelação da LBII

A abordagem adoptada neste estudo de caso é uma abordagem de modelização descendente. Uma abordagem descendente tenta investigar a interdependência das infra-estruturas críticas durante eventos potenciais graves. O objetivo é identificar as falhas nas infra-estruturas críticas que podem ocorrer e as medidas de atenuação que podem ser aplicadas. Uma abordagem ascendente procura compreender as consequências e implicações de um determinado tipo de falha. A abordagem ascendente começa com um sistema de infra-estruturas críticas e percorre as dependências e ligações que podem tornar-se evidentes na eventualidade de uma falha.

Para efeitos da presente investigação, a ênfase é colocada na abordagem descendente, uma vez que esta proporciona um estudo holístico dos sectores de infra-estruturas visados que estão ou podem estar em risco na área de estudo. A diferença entre as abordagens descendente e ascendente pode ser resumida pelo facto de a abordagem descendente poder ser utilizada para abordar os efeitos cumulativos com base num cenário. No entanto, na abordagem ascendente, o foco está num sistema específico e na consequência que pode ocorrer como resultado de uma falha específica. É importante mencionar que o domínio da investigação sobre a interdependência das infra-estruturas é muito recente; por conseguinte, tal como referido no Capítulo 4, os investigadores neste domínio continuam a enfrentar muitos desafios e obstáculos difíceis.

5.3. Estudo de caso

As tecnologias espaciais provaram ser cruciais para a tomada de decisões colaborativas efectivas na gestão de catástrofes (Mansourian et al. 2006). Esta parte da dissertação tem como objetivo explorar um conjunto de capacidades de modelação e visualização para a gestão de catástrofes e emergências como um passo para a identificação de requisitos funcionais e de dados para a modelação e visualização de cenários de gestão de emergências, com particular ênfase na LBII.

5.3.1. Cenário

Foi desenvolvido um cenário de terramoto em consulta com o Serviço Geológico do Canadá (GSC), o governo da Colômbia Britânica e o Departamento de Gestão de Emergências da Cidade de Vancouver. O cenário pretende ser realista na medida em que tem uma possibilidade razoável de ocorrer, com base na geologia tectónica da área e com base nos eventos históricos na região. O estudo de caso também destaca a utilidade do SIG centrado na rede para fornecer capacidades de visualização de dados. O enredo simulado para os terramotos utilizados centra-se num terramoto de subducção superficial de 7,3 MMI que ocorre no Estreito da Geórgia (Latitude 49,45 e Longitude 123,941) sem rutura de superfície. Com esta magnitude e localização, é plausível que ocorra o seguinte: deslizamento de terras na ilha de Hornby, danos em edifícios fracturados na cidade de Vancouver, rutura de barragens e inundações na costa oeste. A Figura 5-2 mostra a localização do cenário.

5.3.2. Requisitos de introdução de dados

De acordo com Mansourian et al. (2006) atualmente existem problemas substanciais com a disponibilidade, acesso e uso de dados fiáveis, actualizados e precisos para a gestão de desastres, em geral. Esta foi uma consideração principal durante a fase de recolha de dados para esta pesquisa. Os conjuntos de dados utilizados para esta fase foram fornecidos por várias agências e consistiram em ficheiros de forma vetorial, imagens de satélite IKONOS e um mapa Shak da Terra.

Os Shakemaps são representações de movimentos de terra registados e extrapolados com base no conhecimento das condições do solo à superfície. Os Shakemaps mostram um mapa 2D ou 2½D da localização do evento e são codificados por cores com base na magnitude do terramoto numa determinada área. A área adjacente ao epicentro tem uma magnitude elevada e é colorida a vermelho; a cor vai gradualmente para amarelo à medida que se afasta do epicentro. Em particular, os dados obtidos do Centro Canadiano de Deteção Remota (CCRS), Statistics Canada, Cidade de Vancouver, DMTI Inc., Serviço Geológico do Canadá e a Província da Colúmbia Britânica forneceram uma ajuda muito valiosa para este estudo. Para realizar a análise, foram utilizados conjuntos de dados vectoriais representados por camadas de obstrução e conjuntos de dados raster sob a forma de um Modelo Digital de Elevação (DEM) (DMTI 2004). A Figura 5.2 mostra alguns dos conjuntos de dados utilizados. O mapa de abalos é apresentado no fundo do mapa com uma cor gradual.

5.3.3. Processamento de dados

O tratamento dos dados foi efectuado em duas fases distintas: tratamento em ambiente de trabalho e tratamento centrado na rede. O processamento em ambiente de trabalho envolveu todas as principais operações de processamento e manipulação de dados e foi efectuado utilizando o ArcGIS 9, o pacote de software GIS de ambiente de trabalho da ESRI. O processamento centrado na rede implicou a utilização do GeoServNet para visualizar os resultados da modelação. Os pormenores das duas fases de processamento são discutidos nas duas secções seguintes. A Figura 5-3 mostra o processo adotado na modelação do sismo para a Cidade de Vancouver.

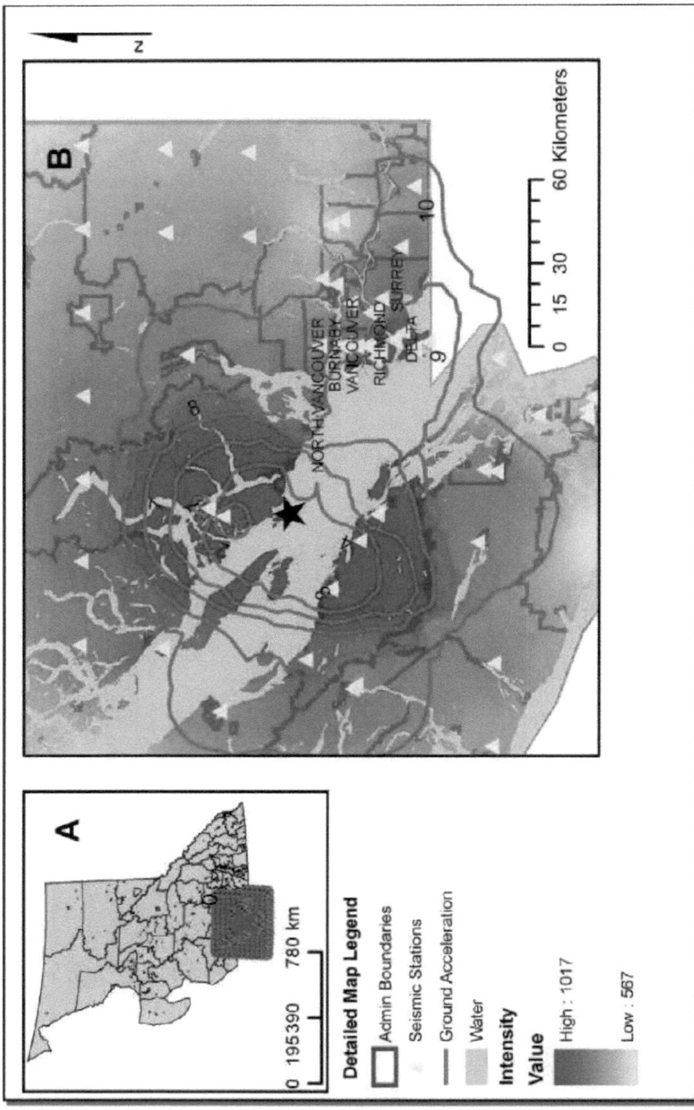

Figura 5-2. Mapa de Shak. (A) Localização do evento no sudoeste da Colúmbia Britânica, Canadá. (B) Shakemap detalhado, codificado por cores, da área de estudo na cidade de Vancouver e arredores.

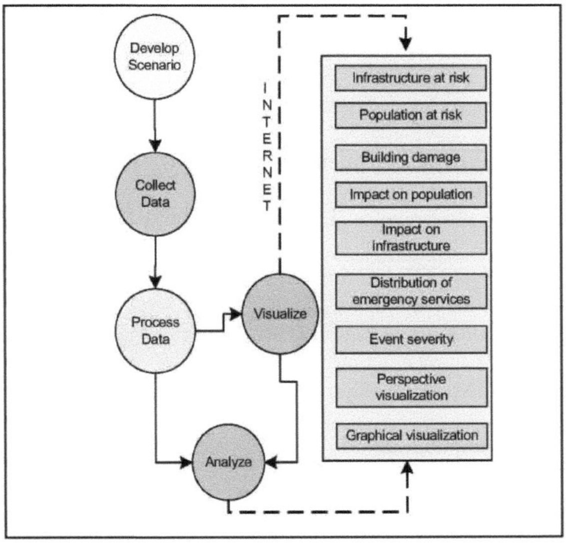

Figura 5-3. Metodologia de processamento de dados.

5.3.3.1. Processamento do ambiente de trabalho

O processamento dos dados foi uma componente importante da análise, uma vez que os dados utilizados foram disponibilizados por diferentes fornecedores e, consequentemente, não havia acordo quanto à referência espacial e à extensão. Foram obtidos dados sobre a população, estradas e outras infra-estruturas, que se revelaram cruciais nos estudos de avaliação de danos. Foram realizadas várias operações de edição e processamento, nomeadamente: recorte, georreferenciação, edição, adição de informação de atributos e conversão vetorial/raster. Estas operações foram efectuadas principalmente com o objetivo de manter a coerência entre diferentes conjuntos de dados.

5.3.3.2. Processamento centrado na rede

O GeoServNet é um pacote GIS 2D/3D baseado na Web, desenvolvido pelo

Laboratório GeoICT da Universidade de York. Gera modelos 3D que podem ser utilizados como interface acessível para consulta de caraterísticas, hiperligação de informações de sensores baseadas na Web, análise e visualização de resultados de modelos e acesso a diferentes modelos de simulação. O GeoServNet fornece uma facilidade de publicação de dados fácil e acessível através dos seus vários módulos (ou seja, GSNBulider, GSNAdministrator, GSNServer e GSNPublisher e GSN Viewer) (GeoICT 2003). A tarefa do GSNBuilder é criar dados (i.e., Shapefiles, Raster e ASCII DEM) e configurá-los para serem registados no GSNServer utilizando o GSNAdministrator.

A principal função do GSNPublisher é definir os parâmetros de visualização em termos de efeitos visuais (i.e., cor, espessura da linha e transparência). A outra função do GSNPublisher é gerar o ficheiro da aplicação que está ligado à web, tornando assim o projeto disponível online. A Figura **5-4** mostra a arquitetura da GeoServNet Versão 1.5, na qual os cinco módulos são mostrados com diferentes navegadores web.

5.3.4. Interdependência das infra-estruturas baseadas na localização (LBII)

A modelação SIG é uma técnica eficaz quando se trata de processos ambientais (Goodchild 1996). Gunes e Kovel (2000) discutem a utilidade da modelação espacial para a gestão de emergências. Sugumaran et al. (2000) discutem o papel do SIG como uma ferramenta única que pode ser utilizada pelos gestores de emergências para obter uma compreensão global dos eventos de emergência. O SIG pode ser utilizado como uma ferramenta de planeamento para fornecer uma simulação "e se" e um conhecimento da situação que pode ajudar os gestores de emergências na preparação, mitigação e resposta a emergências. Utilizando os passos listados na secção 5.5, o conceito introduzido de LBII foi testado para examinar a LBII para um cenário de sismo na cidade de Vancouver.

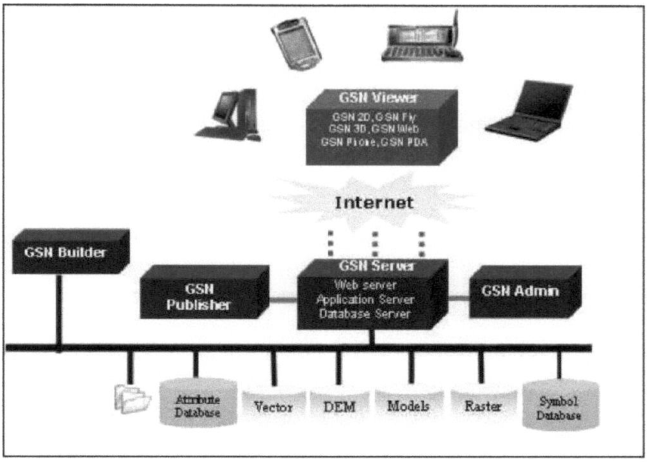

Figura 5-4. Arquitetura da GeoServNet (versão 1.5).

5.3.5. Interdependência espacial

Zimmerman (2004) definiu o termo interdependência espacial como a principal relação entre dois sistemas próximos um do outro. Utilizando a escala MMI e com a ajuda da tabela apresentada no "Apêndice D", foi possível identificar a intensidade com que as auto-estradas e as vias férreas partem e dobram. Com base nisto, foi efectuada uma análise SIG para identificar as estradas de maior risco. Como é evidente na Figura 5-6, foi possível modelar e mapear as auto-estradas e vias férreas com maior probabilidade de serem danificadas durante um sismo de 7,3 MMI.

Um aspeto difícil da modelação e análise GIS é determinar qual a ferramenta e quais as técnicas que melhor se adequam à aplicação (Verbyla 2002).

Neste caso, a extensão de análise espacial do ArcGIS foi utilizada para produzir uma variedade de modelos de dados, incluindo a densidade de concentração da população, zonas de danos de construção e análise da intensidade do terramoto.

Os edifícios na área de estudo estão classificados em quatro grupos: edifícios de alto risco, edifícios de risco ligeiro, edifícios seguros e sem dados disponíveis. Foram utilizadas técnicas de análise espacial para identificar a localização de cada um dos quatro grupos e para identificar o nível de risco. As áreas pretas na Figura 5-5 referem-se a 'sem dados', as áreas verdes referem-se a 'edifícios seguros', o amarelo refere-se a áreas com risco ligeiro e a cor vermelha refere-se a edifícios com risco elevado. Comparando a distribuição dos edifícios com o mapa de abalos e a camada de Percentil de Aceleração do Solo 'PGA', é óbvio que os danos mais graves ocorrem mais perto do epicentro, com um total de 24 edifícios em risco elevado de danos totais. Destes, 19 estão classificados como celeiros/maquinaria, enquanto os outros seis estão classificados como instituições religiosas. A localização destes edifícios é clara, uma vez que todos eles se situam numa zona rural a noroeste de Vancouver. A análise da vulnerabilidade do sector das infra-estruturas forneceu informações detalhadas sobre os tipos de edifícios em risco. Como mostra a Tabela **5-1**, cada categoria de edifício é identificada, quer se trate de uma escola, de um colégio ou de um edifício governamental. Esta categorização é importante quando se lida com questões de preparação para emergências, uma vez que fornece aos decisores uma imagem exacta. A análise detalhada dos mapas de zonação de risco e da camada de edifícios revela a distribuição espacial dos edifícios e infra-estruturas em cada uma das zonas de risco. Isto pode ajudar na implementação de medidas de emergência que visam proteger o público através da aplicação de normas de construção específicas que tentam ter em conta alguma medida de risco. Esta informação também pode ser incorporada em modelos de estimativa de perdas sísmicas de engenharia civil para cada edifício.

Quadro 5-1. Classificação dos edifícios com base na vulnerabilidade.

OBJECTID*	CODE	FEATURE	CATEGORY	Shape_Length
1	106	ARENA	Recreation and Entertainment	0.002291
2	131	HALL	Government and Institutional	0.001373
3	147	OTHER	Other	0.001924
4	147	OTHER	Other	0.002512
5	147	OTHER	Other	0.003704
6	160	SCHOOL	Education	0.002040
7	160	SCHOOL	Education	0.004102
8	160	SCHOOL	Education	0.004290
9	160	SCHOOL	Education	0.001430
10	160	SCHOOL	Education	0.001405
11	165	SHOPPING CENTRE	Shopping and Services	0.003012
12	165	SHOPPING CENTRE	Shopping and Services	0.009859
13	165	SHOPPING CENTRE	Shopping and Services	0.007576
14	176	LODGING FACILITIES	Food and Lodgings	0.001627
15	179	EDUCATIONAL BUILDING	Education	0.003073

Utilizando o conceito de LBII é possível modelar e visualizar as infra-estruturas críticas e identificar as áreas mais vulneráveis a danos. De acordo com o primeiro passo da Identificação de LBII' (Secção 5.2.2.), todos os sectores de infra-estruturas em risco foram selecionados utilizando funções de análise SIG. Depois de estes terem sido identificados no mapa, foi possível produzir uma tabela que lista os segmentos vulneráveis com base nos dados. A Tabela 5-2 mostra as auto-estradas vulneráveis a danos. A tabela contém informações sobre o nome da autoestrada, o município em que está localizada, a sua classe e o seu comprimento. Também é possível estimar os custos potenciais para cada classe de autoestrada com base numa estimativa genérica de custo por quilómetro. A Figura 5.5 mostra edifícios vulneráveis.

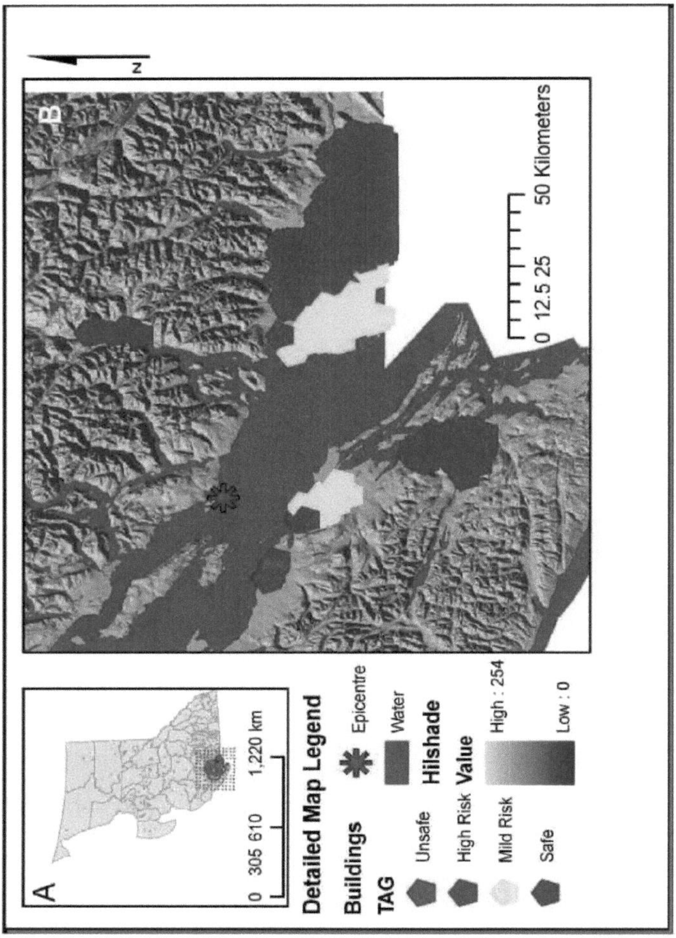

Figura 5-5. Vulnerabilidade dos edifícios; (A) Localização do evento no sudoeste da Colúmbia Britânica, Canadá. (B) Mapa de vulnerabilidade dos edifícios da área de estudo na cidade de Vancouver e arredores.

Quadro 5-2. Classificação das auto-estradas com base na vulnerabilidade.

OBJECTID*	STREET	CA	LEFT_MUN	RIGHT_MUN	LEFT_FS	RIGHT_FSA	LEFT_PRV	RIGHT_PRV	UNIQUEID	Shape_Length
14	ALBERNI HWY	2	NANAIMO, SUBD. B	NANAIMO, SUBD. B	V9P	V9P	BC	BC	3820886	0.001594
15	ALBERNI HWY	2	NANAIMO, SUBD. B	NANAIMO, SUBD. B	V9P	V9P	BC	BC	3168775	0.014105
16	PARKSVILLE BYPASS	1	NANAIMO, SUBD. B	NANAIMO, SUBD. B	V9P	V9P	BC	BC	3820887	0.004812
17	ALBERNI HWY	2	NANAIMO, SUBD. B	NANAIMO, SUBD. B	V9P	V9P	BC	BC	3820888	0.001943
18	ALBERNI HWY	2	NANAIMO, SUBD. B	NANAIMO, SUBD. B	V9P	V9P	BC	BC	3820889	0.000364
19	INLAND ISLAND HWY	1	NANAIMO, SUBD. B	NANAIMO, SUBD. B	V9P	V9P	BC	BC	3820890	0.005613
20	INLAND ISLAND HWY	1	NANAIMO, SUBD. B	NANAIMO, SUBD. B	V9P	V9P	BC	BC	3820891	0.006573
21	ALBERNI HWY	2	NANAIMO, SUBD. B	NANAIMO, SUBD. B	V9P	V9P	BC	BC	3820892	0.004732
22	PARKSVILLE BYPASS	1	NANAIMO, SUBD. B	NANAIMO, SUBD. B	V9P	V9P	BC	BC	3820893	0.007128
23	INLAND ISLAND HWY	1	NANAIMO, SUBD. B	NANAIMO, SUBD. B	V9K	V9K	BC	BC	3168802	0.063191
24	INLAND ISLAND HWY	1	NANAIMO, SUBD. B	NANAIMO, SUBD. B	V9K	V9K	BC	BC	3168803	0.062780
25	ALBERNI HWY	2	NANAIMO, SUBD. B	NANAIMO, SUBD. B	V9K	V9K	BC	BC	3168846	0.004250
26	ALBERNI HWY	2	NANAIMO, SUBD. B	NANAIMO, SUBD. B	V9K	V9K	BC	BC	3168847	0.005610

Um total de 23 estruturas hidráulicas em torno da cidade de Vancouver estão em risco. Os danos mais graves nas estruturas hidráulicas ocorreriam a norte de Grant Mcconachie, na Ilha de Vancouver, Figura 5-6. O dique a oeste da No. 1 Road também sofreria um impacto elevado. A linha de aceleração do terreno define a intensidade e a gravidade do risco em cada zona das 10 zonas MMI na área de estudo. Um total de 44 torres de telecomunicações está em risco na área de estudo. A Figura 5-8 mostra o impacto previsto.

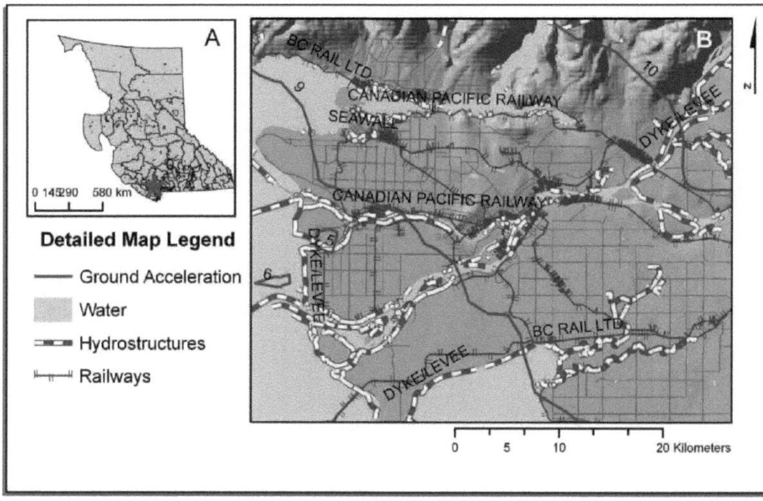

Figura 5-6. Hidroestruturas e vulnerabilidade ferroviária; (A) Localização do evento na cidade de Vancouver, sudoeste da Colúmbia Britânica, Canadá. (B) Hidroestruturas e vulnerabilidade ferroviária da área de estudo na cidade de Vancouver.

5.3.5.1. População em risco

Os terramotos podem ser eventos devastadores e podem resultar numa grande perda de população. Scawthorn (2003) discutiu o processo de gestão do risco de sismo e indicou que a gestão do risco de sismo deve começar com a população que está em risco de um potencial sismo.

A modelação SIG é eficaz para identificar populações e áreas em risco numa variedade de cenários de simulação de perigo. Casciati (1997) utilizou o SIG para conceber um sistema flexível e rápido de deteção e avaliação de danos utilizando o SIG. Nesta dissertação, os dados do censo foram obtidos a partir das estatísticas do Canadá, juntamente com um mapa do mapa terrestre obtido a partir do Serviço Geológico do Canadá e dados topográficos e de infra-estruturas locais obtidos a partir da cidade de Vancouver. Estes dados foram utilizados para simular a densidade populacional e fornecer resultados analíticos sobre as áreas de maior perda potencial.

Utilizando o mapa de Shak e com base na magnitude, foi possível identificar categorias de população em cada zona de risco. Os resultados resumidos são mostrados na Figura 5-8. Amdahl (2001) derivou um Shakemap do terramoto de Northridge na Califórnia, que utiliza a classificação do solo numa tentativa de detetar as zonas mais vulneráveis.

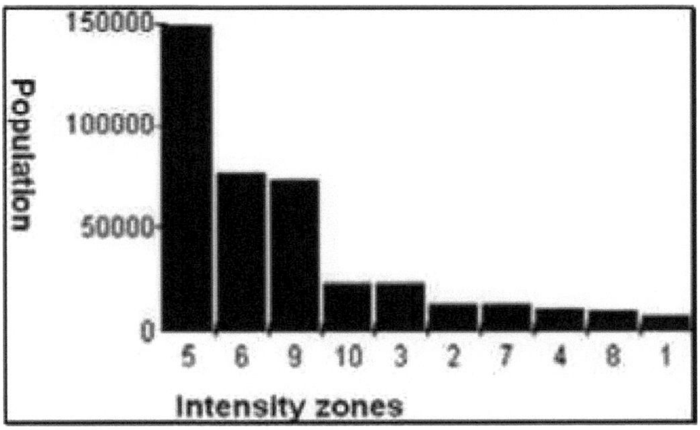

Figura 5-7. Gráfico da distribuição da população em risco por Zonas MMI.

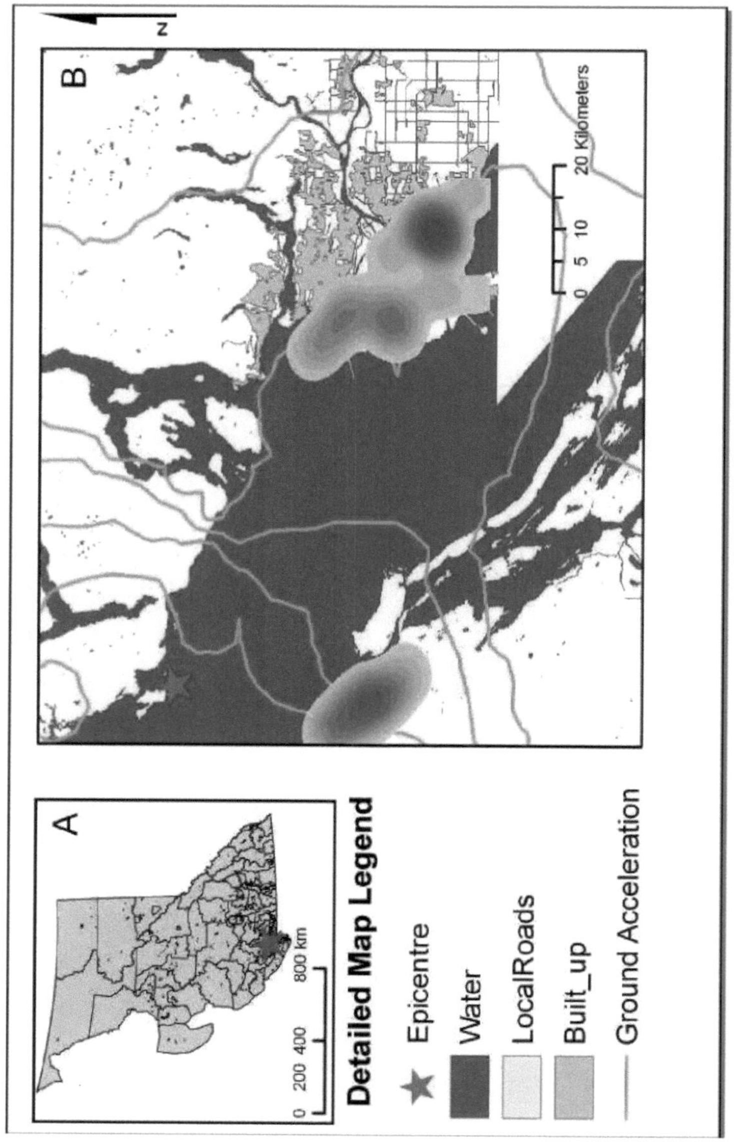

Figura 5-8. Concentração da população; (A) Localização do evento no sudoeste da Colúmbia Britânica, Canadá. (B) Mapa de concentração da população da área de estudo na cidade de Vancouver e arredores.

Foram efectuadas outras análises para determinar a densidade das populações em risco em cada zona. Os resultados estavam em total concordância com os resultados obtidos na análise da densidade de danos em edifícios apresentada na Figura 5-5. Um relatório tabular que descreve a distribuição ou a população em risco foi produzido utilizando as capacidades analíticas do SIG.

A exatidão do modelo Shakemap fornecido pelo NRCan foi validada pela cidade de Vancouver com uma execução comparável utilizando as Enterprise Modeling Tools da cidade de Vancouver. Existe uma concordância geral entre as duas fontes de mapas. As previsões do NRCan mostram níveis ligeiramente mais elevados de intensidade de abalos na área de Vancouver, em cerca de uma unidade de MMI, do que as da cidade de Vancouver.

5.3.6. Interdependência funcional

A interdependência funcional ocorre quando um sistema depende de outro para funcionar (Zimmerman 2004). De acordo com Zimmerman (2004), a interdependência funcional pode incorporar alguns dos outros tipos de interdependência sugeridos por Rinaldi (2001) e Peernboom et al. (2001). A próxima secção abordará brevemente alguns dos impactos que podem ocorrer na área de estudo em resultado da interdependência funcional.

5.3.6.1 Falhas devidas a interdependência física

As infra-estruturas críticas têm uma propriedade em comum - são todas colecções complexas de componentes em interação, nas quais a mudança ocorre frequentemente como resultado de processos de aprendizagem; ou seja, são sistemas adaptativos complexos (CAS) (Rinaldi et al. 2001).

De acordo com Rinaldi et al. (2001), uma análise eficaz do impacto é, em grande medida, influenciada por experiências passadas.

O Comité Nacional de Planeamento de Contingências do Departamento de Defesa Nacional 'NCPG-DND' (2000) delineou algumas das interdependências que podem ocorrer devido a falhas de energia. Ao sofrer uma falha eléctrica em resultado do sismo, muitas infra-estruturas críticas podem ser potencialmente afectadas. O impacto imediato mais forte seria nos próprios serviços de emergência. Nesse caso, as operações de emergência do 112 seriam reduzidas e não seria possível manter a capacidade totalmente funcional. O tráfego não fluiria normalmente após o choque principal. Tal dever-se-ia, em primeiro lugar, à perda de sincronização dos semáforos, o que poderia provocar também atrasos no tráfego. Embora todos os serviços críticos disponham de reservas de energia que podem funcionar até 24 horas, dependendo do sector e do local NCPG-DND (2000), esta situação pode ainda assim provocar interrupções noutros sectores (por exemplo, serviços de telecomunicações). Durante a tempestade de gelo de 1998 em Montreal, havia um risco elevado de não se satisfazerem as necessidades de eletricidade. O mesmo impacto pode levar à escassez de combustível em resultado da redução da produção decorrente da interrupção da capacidade de processamento das refinarias. Embora a distribuição espacial destas falhas varie, é provável que as regiões com elevada concentração de população, como mostra a Figura 5-5, tenham um maior impacto. Como se mostra na Figura 5-9, os impactos nas estradas podem confundir ainda mais os danos e falhas infligidos por catástrofes sísmicas, uma vez que mesmo perturbações relativamente pequenas nas estradas podem atrasar as operações de resposta de manutenção.

A Tabela 5-3 apresenta um exemplo do tipo de falhas que podem ocorrer na área de estudo.

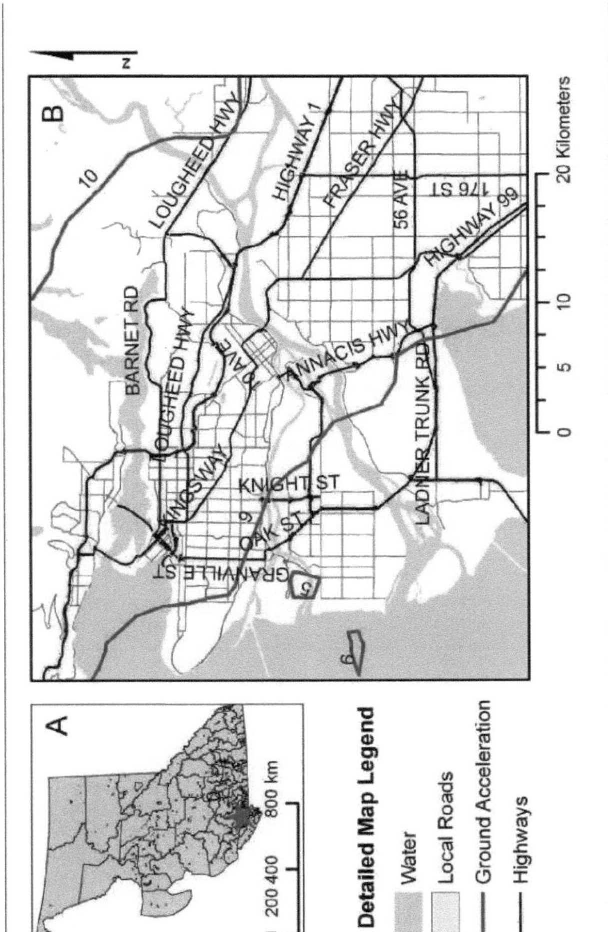

Figura 5-9. Vulnerabilidade da autoestrada; (A) Localização do evento na cidade de Vancouver, no sudoeste da Colúmbia Britânica, Cartão. (8) Mapa de vulnerabilidade das auto-estradas da área de estudo e da cidade de Vancouver

5.3.6.2. Falhas devidas a interdependências lógicas

Tal como referido na secção 2.5.2, duas infra-estruturas são logicamente interdependentes se o estado de cada uma delas depender do estado da outra através de um mecanismo que não seja uma ligação física, cibernética ou geográfica.

De acordo com Rinaldi (2001), a interdependência lógica pode ser *mono* ou bidirecional. (Peernboom et al. 2001) limitaram o tipo de interdependência lógica às infra-estruturas que estão ligadas através dos mercados financeiros. A interdependência lógica pode ser de primeira ordem, de segunda ordem, de terceira ordem ou deth ordem. Este tipo de interdependência é muito complicado e as decisões humanas podem desempenhar um fator muito crítico. A Figura 5-10 mostra a vulnerabilidade do sector das telecomunicações.

Tabela 5-3. Exemplos de falhas típicas de infra-estruturas devido a um cenário de sismo

Sectors	Communications /Transportation	Water/Transportation	Electricity/ Transportation
Dependency	Synchronization of traffic lights is lost causing some traffic delay.	Surface water over flood may lead to disruption of transportation units and traffic detour/delay.	Traffic lights will be seriously disrupted in blackout.
Spatial distribution	Full or partial distribution within the event location/ can extend to other regions	Limited to particular units. Normally very limited with extended impact	Limited to full disruption may occur during emergencies, depends on the spatial extent of the event.
Spatial variance of impact	Immediate high impact on the local level, medium to limited on the regional level	Immediate high impact on the local level, medium to limited on the regional level	Immediate high impact on the local level, medium to limited on the regional level
Response impact	Loss of communication with first responders. Delayed response.	Traffic delays, could impede ambulance, police and fire fighting services.	Traffic jams could impede ambulance, police, and fire fighting services.
Impacted infrastructure	Major roads, minor intersection	Surface transportation segments.	Transportation segments

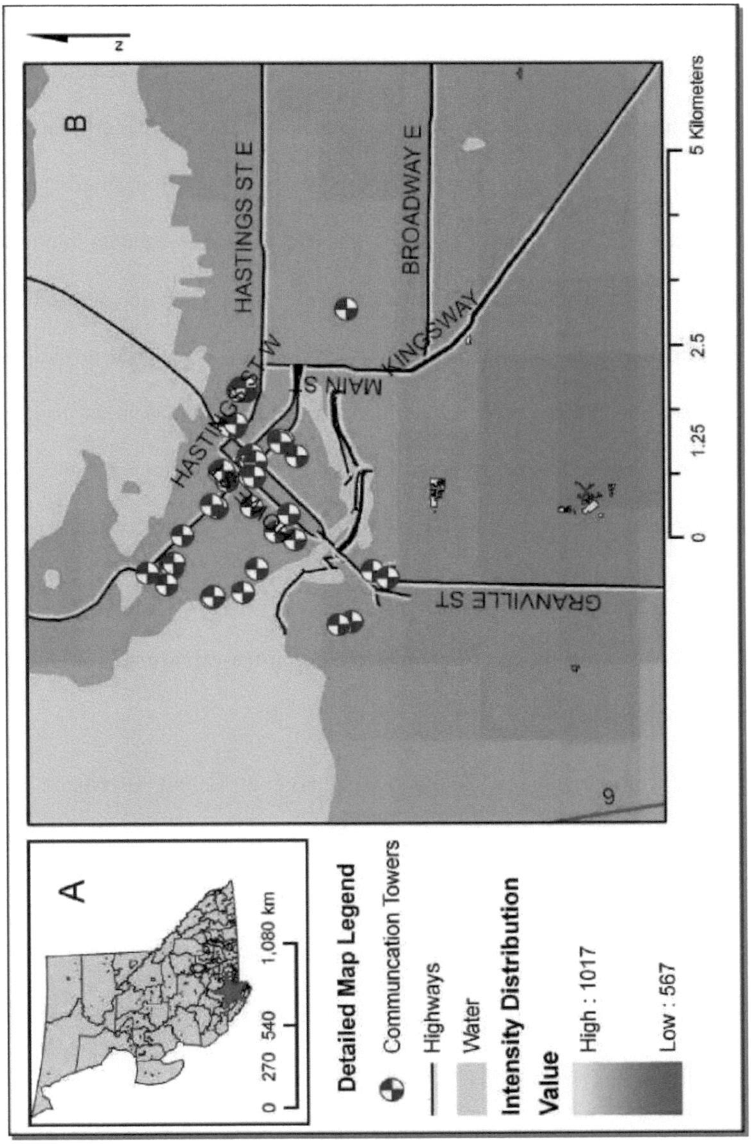

Figura 5-10. Vulnerabilidade das torres de telecomunicações; (A) Localização do evento na cidade de Vancouver, a sudoeste de Brish Colambia, Cada (B) Mapa de vulnerabilidade das torres de telecomunicações da área de estudo na cidade de Vancouver.

Na área de estudo, podem ser analisadas várias interdependências lógicas para responder à questão de como um sismo pode afetar os mercados financeiros. O grande impacto imediato após o evento pode levar à interrupção completa da comunicação de dados entre instituições financeiras e à subsequente interrupção da função das máquinas bancárias automáticas (ABM). É claro que os sistemas de reserva podem reduzir significativamente esses impactos. A extensão dos impactos dependerá da duração do corte de energia e de outras falhas discutidas na secção 5.3.6. Num contexto financeiro como este, se o sistema não for restabelecido no prazo de seis horas, constitui uma "avaria" do sistema (U.S. Canada Power System Outage Task Force. 2004).

5.3.7. Visualização da interdependência das infra-estruturas baseadas na localização (LBII)

Muitos investigadores, incluindo Giardino et al. (2004); Giersten e Lucas (1994); Huang et al. (2001); Iwerks e Samet (2000); Lu (2005); Pundt e Brinkkotter-Runde (2000); e Rebolj e Sturm (1999) reconheceram o poder da visualização SIG para uma gama extremamente vasta de aplicações de investigação e de tomada de decisões. A visualização SIG de modelos de dados permite uma compreensão lógica e concetual detalhada de relações complexas (Kreuseler 2000). A utilização efectiva de modelos baseados no espaço requer métodos de visualização eficazes. De acordo com Kreuseler (2000), a visualização de dados SIG refere-se à apresentação de dados através de imagens digitais, dados vectoriais, modelos digitais de elevação, informação tabular e realidade virtual, em apresentações bidimensionais ou tridimensionais, de forma estática ou animada. Podem ser aplicadas diferentes técnicas de visualização a diferentes problemas do mundo real, a fim de proporcionar uma simulação virtual da realidade (Buckley et al. 2000). Davis (2001) indicou que a visualização SIG pode efetivamente ajudar os decisores a identificar padrões e processos espaciais. Esta capacidade pode ser muito útil na resolução de problemas urgentes de gestão de emergências, especialmente quando estes implicam a síntese e interpretação de dados e informações a várias escalas de espaço e tempo, como é frequentemente o caso.

5.3.7.1. 3D Visualização centrada na rede com GeoServNet

De acordo com Huang et al. (2004), a rápida emergência da Internet na última década permitiu o desenvolvimento de "tecnologias dependentes", como a visualização centrada na rede. Os recentes desenvolvimentos nas tecnologias de hardware e software eliminaram muitas das limitações que rodeavam o processamento de grandes volumes de dados. As capacidades de armazenamento digital de ponta, os processadores e a memória dos computadores, que coletivamente podem lidar de forma eficiente com grandes volumes de dados, são agora relativamente baratos (Chang e Park 2006). Os clientes de Internet (ou seja, Internet Explorer, Netscape e Firefox), bem como as linguagens de programação como Java, HTML e XML, revolucionaram a visualização baseada na Web. Como resultado, as técnicas e capacidades de visualização estão agora muito acessíveis no contexto da gestão de catástrofes e emergências.

Abdalla e Tao (2004) indicaram que o SIG 3D é único na medida em que fornece ao utilizador modelos "próximos da realidade", permitindo-lhe assim reconhecer e compreender mais rapidamente as alterações na elevação, nos padrões de superfície e nas caraterísticas. Muitos estudos, incluindo Lee (2004), Ladner et al. (2000) e Germs et al. (1999), reconheceram que a vantagem do 3D reside na forma como vemos a informação. Um ecrã 3D simula e melhora a nossa compreensão do conteúdo espacial do mundo real. Vivemos num mundo 3D, pelo que os seres humanos percepcionam e visualizam naturalmente a informação em 3D muito melhor do que em 2D.

O GeoServNet foi utilizado para produzir modelos centrados na rede de um cenário de terramoto simulado em ambiente de trabalho. A arquitetura do GeoServNet e as capacidades do sistema na visualização de dados são discutidas na secção 5.2. A Figura 5-11 destaca o impacto visual que o SIG 3D pode ter na modelação. Parte deste trabalho foi relatado ao Natural Resources Canada (Hegyi Geomatics International Inc. 2004) como parte do Canada Disaster Management Information Systems Project (CDMIS), que foi concluído com sucesso em março de 2003. Os resultados obtidos a partir deste modelo de visualização demonstraram claramente que o GeoServNet é muito eficiente para lidar com múltiplos cenários (i.e., terramoto e avaliação de danos). Os resultados indicam que é viável integrar uma variedade de fontes de dados na produção de cenários e modelos de gestão de desastres.

Figura 5-11. Modelo de avaliação de danos 3D do centro da cidade de Vancouver, Colúmbia Britânica, Canadá, utilizando o GeoServNet.

5.3.7.2. *Pontos fortes e fracos da GeoServNet*

A computação centrada em redes é necessária para o processamento de grandes volumes de dados. No entanto, a gestão de emergências é um processo dinâmico que se desenrola frequentemente num contexto espacial alargado. A natureza distribuída de muitos cenários de gestão de emergências constitui um desafio quando se trata de grandes volumes de dados. Nos últimos anos, registaram-se avanços significativos no desenvolvimento de modelos 3D visuais, distribuídos e centrados na rede. Kakko (1998) apresenta uma abordagem para modelar e visualizar dados SIG para processos topográficos complexos. Tao e Yuan (2000) prevêem que uma abordagem alternativa para o desenvolvimento de sistemas SIG seria uma abordagem orientada para os serviços, distribuída numa rede através de um navegador Internet normal. O GeoServNet foi concebido e construído com esta visão em mente.

O ponto forte do GeoServNet em relação a outros sistemas de mapeamento web é o facto de fornecer capacidades de visualização 3D. Esta capacidade distinta é prontamente apreciada pelo pessoal de gestão de desastres, mesmo aqueles com pouca ou nenhuma experiência em GIS. O Web GIS fornece um meio de comunicação fácil e acessível entre os vários níveis de tomada de decisão (ou seja, local, provincial e federal). Outro ponto forte é o facto de o GeoServNet ter uma interface personalizável que permite uma variedade de funções e capacidades básicas de visualização. As funções de visualização 3D do GeoServNet permitem operações de análise mais sofisticadas, incluindo, 3D fly, renderização 3D, funções de superfície crítica e análise de perfil de superfície. A Tabela **5-4** fornece um resumo da análise comparativa das capacidades do GeoServNet em relação aos produtos comerciais disponíveis no mercado.

Tabela 5-4. Análise comparativa do GeoServNet com produtos comerciais prontos para uso.

Software Functions	ArcIMS (ESRI)	GeoMedia WebMap (Intergraph)	MapXterme (MapInfo)	Mapguide (Autodesk)	GeoServNet (GeoICT)
Display & Description	Simple Display	Very Strong Simple Display	Simple display	Basic and Perspective	Basic and Perspective 3D Visualization
Querying	Spatial and Attribute Querying	Spatial and Attribute	Spatial and attribute	Spatial and attribute	Spatial and attribute
Analytical Capabilities	Route Determinat-ion	Overlay	Basic Network Analysis	Route Overlay	Overlay, Flood, & Surface Profile
Specialized Functions	Image rendering Feature Streaming Geocoding	On the fly projecting Live data query	Driving Directions Sample application Wizard	3D Capabilities	3D fly, 3D rotate, Extrude

5.3.8. Desafios para a modelação e visualização da LBII

A área da interdependência de infra-estruturas é um novo domínio de investigação. Recentemente, foi reconhecida como uma área importante para a investigação; no entanto, apesar disso, o campo continua imaturo. A falta de literatura disponível neste domínio aumentou a complexidade da realização de investigação centrada nas interdependências. Um dos principais desafios reside no facto de não existir uma definição unificada dos tipos de interdependência e dos tipos de falhas. Os três principais recursos disponíveis neste domínio, Peernboom et al. (2001), Rinaldi et al. (2001) e Zimmerman (2004), definem, cada um deles, os tipos e as dimensões da interdependência das infra-estruturas de forma diferente. Outro desafio prende-se com a natureza interdisciplinar da investigação sobre a interdependência das infra-estruturas, pelo que é difícil abordar todas as questões de interdependência ao mesmo nível. Esta é uma das razões pelas quais esta dissertação tentou abordar a interdependência numa perspetiva interdisciplinar.

A maior parte das tecnologias atualmente disponíveis são muito eficientes na abordagem de questões relacionadas com um sector de infra-estruturas críticas. No entanto, as soluções de software para modelação e visualização da interdependência das infra-estruturas são muito limitadas, pelo que constituem apenas uma solução parcial. As tecnologias destinadas a abordar os impactos colectivos de múltiplos sectores estão a começar a evoluir. Rinaldi et al. (2001) indicam que o desenvolvimento de uma abordagem abrangente para tratar a interdependência das infra-estruturas constitui um grande desafio. Além disso, a maioria das tecnologias atualmente disponíveis centra-se nos aspectos temporais, mas deixa uma lacuna óbvia no que respeita ao aspeto espacial.

Há questões muito óbvias relacionadas com a disponibilidade e acessibilidade dos dados das infra-estruturas críticas devido aos direitos de acesso, o que pode levar a um atraso óbvio no desenvolvimento destes sistemas. Isto pode dever-se quer a factores de concorrência comercial, quer a questões de segurança. Esta limitação pode ser muito evidente quando se trata de dados relacionados com sectores como as telecomunicações e a energia.

5.4. Resumo

Este capítulo introduz o novo conceito de Interdependência de Infra-estruturas com Base na Localização (LBII). A ênfase é colocada na forma como a LBII pode ser utilizada como um conceito de gestão de emergências que ajuda os decisores a lidar com questões relacionadas com a interdependência de infra-estruturas críticas. Neste capítulo, são também avaliadas as etapas envolvidas na identificação da infraestrutura baseada na localização para uma determinada zona e as abordagens para modelizar a infraestrutura baseada na localização utilizando abordagens descendentes ou ascendentes.

Este capítulo apresenta um estudo de caso de um cenário de terramoto em Vancouver e mostra como o conceito de LBII pode ser utilizado para fornecer conhecimentos sobre interdependências espaciais e funcionais. Os requisitos de entrada de dados e as etapas de processamento para fornecer modelos espaciais para LBII são detalhados. São identificadas as interdependências espaciais e funcionais para a área de estudo, mostrando as falhas que podem ocorrer devido a interdependências físicas ou lógicas.

Por último, é abordada a importância das várias capacidades de visualização oferecidas pelos SIG centrados em rede. Os pontos fortes e fracos da visualização de modelos espaciais utilizando o GeoServNet são também delineados. O capítulo seguinte trata da conceção e implementação de uma base de conhecimentos espaciais para a LBII.

CAPÍTULO 6

6. Base de conhecimentos espaciais para a interdependência de infra-estruturas

"Independentemente do tipo de catástrofe, existe um requisito básico de que os dados, a informação e os produtos baseados no conhecimento sejam entregues atempadamente, no local adequado, de uma forma que possa ser imediatamente consumida e aplicada ao problema em causa." ***Consórcio SIG Aberto***

6.1. Introdução

Uma base de conhecimentos é um corpo organizado de conhecimentos que fornece uma especificação lógica formal para a interpretação da informação (Dai et al. 2004). O conhecimento sobre um determinado sistema depende principalmente da forma como esse sistema é observado. O termo síntese de conhecimento denota uma coleção de fontes de conhecimento relevantes para o problema em questão (Christakos et al. 2002). As sínteses de conhecimentos fornecem um apoio eficiente aos decisores da gestão de emergências.

Uma base de conhecimentos espaciais para a interdependência de infra-estruturas fornece: 1) acesso dinâmico e interativo a dados para modelação e visualização; 2) conhecimento espacialmente explícito; 3) tratamento de dados escalável; e 4) processamento de dados baseado em regras e mecanismos de partilha de informação. Muitos investigadores, incluindo Huang et al., 2004; Quinn et al., 2005; Suzuki et al., 2004; Bryan, 2003; e Knebl et al., 2005, utilizaram uma base de conhecimentos espaciais para resolver problemas ambientais.

Neste capítulo, é utilizada uma abordagem baseada em cenários para a conceção e desenvolvimento de uma base de conhecimentos espaciais para a interdependência de infra-estruturas durante situações de emergência. O primeiro nível implica a modelação de cenários através da integração do SIG com ferramentas de modelação hidráulica baseadas no cenário histórico de inundações associado ao furacão Hazel que atingiu Toronto em 1954. O segundo nível transforma a informação obtida a partir do modelo de inundação e integra-a com toda a informação relacionada com a gestão de emergências necessária na base de conhecimentos.

6.2. Metodologia

Foi desenvolvida uma abordagem de modelação integrada em três etapas, com ênfase na identificação de componentes da base de conhecimentos de gestão de emergências com base num cenário de gestão de catástrofes. A primeira etapa envolveu a análise da árvore de eventos, a segunda etapa envolveu a simulação de inundações com base no SIG e a terceira etapa envolveu a identificação das necessidades de dados e informações do cenário e a sua implementação como parte de uma base de conhecimentos espaciais.

6.2.1 Análise da árvore de eventos (ETA)

A representação visual sob a forma de um modelo gráfico foi utilizada para analisar as consequências do furacão Hazel (1954). As consequências do acontecimento foram traduzidas em ramos de árvore, representando cada ramo um acontecimento único resultante da catástrofe do furacão. A ETA permitiu a verificação da informação utilizada na derivação do enredo do cenário, com base numa abordagem de análise de sistemas. Os pormenores da ETA são explicados na secção 6.5.

6.2.2. Modelação de inundações

O ArcView GIS e o HEC-RAS Hydrologic Engineering Center River Analysis System (HEC, 2002) foram utilizados para simular um cenário de cheia para o rio Humber. A primeira fase da simulação da cheia envolveu o pré-processamento dos dados espaciais e a exportação de um ficheiro ASCII para ser utilizado pelo HEC-RAS como informação sobre a geometria do canal. Os passos seguintes implicaram a introdução de parâmetros de fluxo de dados, incluindo o fluxo de água e a condição de limite do canal no HEC-RAS para produzir camadas SIG de superfície de água que podem ser utilizadas pelo ArcGIS para fornecer mapas de delimitação de inundações. Os detalhes da simulação de inundação são descritos na Secção 6.6, página 122.

6.2.3 Conceção da base de conhecimentos

A terceira etapa desta metodologia envolveu a conceção de uma base de conhecimentos espaciais, baseada no modelo de base de dados geográficos da ESRI. A conceção desta base de conhecimentos começa com a realização de uma avaliação das necessidades de gestão de emergências, com base nas necessidades identificadas no Capítulo 4. Foram utilizados processos de conceção concetual, lógica e física na construção desta base de conhecimentos. A Figura 6-1 apresenta um esquema da metodologia utilizada. A secção 6.7 fornece pormenores sobre a conceção da base de conhecimentos espaciais.

6.3. Cenário

As inundações foram, de longe, a maior causa de catástrofes no Canadá no século XX, sendo as tempestades severas a segunda causa mais importante. As inundações causaram direta e indiretamente a morte de, pelo menos, 198 pessoas no Canadá e mais de três mil milhões de dólares de prejuízos durante o século XX.

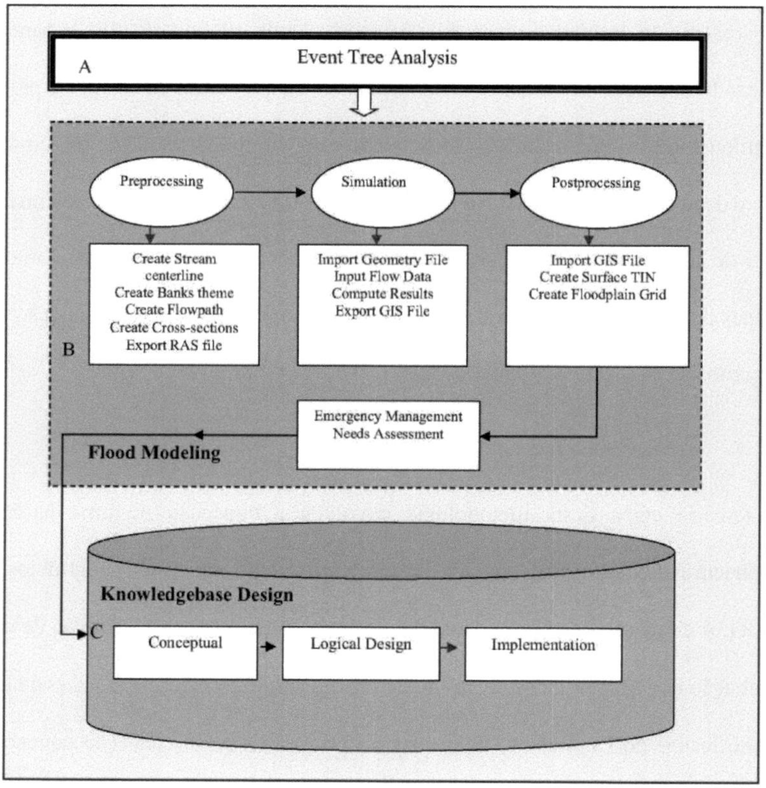

Figura 6-1. Metodologia para construir uma base de conhecimentos espaciais. (a) Análise da Árvore de Eventos (b) Modelação de Cheias (c) desenvolvimento da base de conhecimentos Historicamente, sabe-se que o Ontário tem registado uma taxa muito elevada de cheias (PSEPC 2002). Entre 1900 e 2002, o Ontário registou a maior frequência de inundações de todas as províncias e territórios do Canadá.

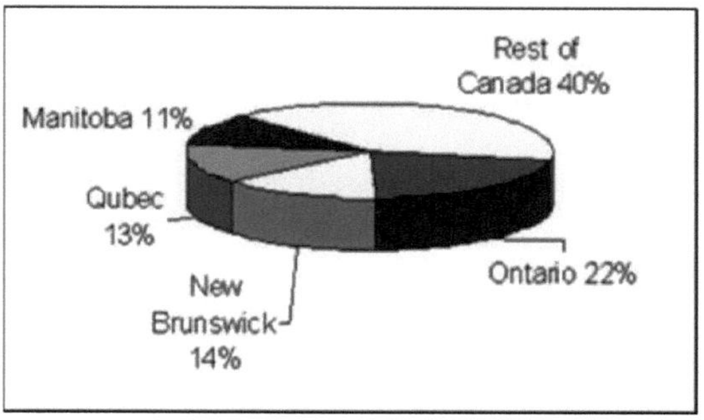

A Figura 6-2 resume a localização das inundações que foram registadas no Canadá.

Figura 6-2. Estatísticas de inundações entre 1900 e 2002 (após PSEPC 2002).

Em 15 de outubro de 1954, o furacão mais famoso da história do Canadá (Furacão Hazel) atingiu o sul do Ontário (TRCA 2004). No final da tempestade, mais de 285 milímetros de chuva tinham caído sobre o solo já saturado, causando algumas das inundações mais graves da história do Canadá. No seu rescaldo, 81 pessoas morreram e mais de 4.000 famílias ficaram sem casa em Ontário. O custo total da destruição no Canadá foi estimado em 100 milhões de dólares, o equivalente a cerca de mil milhões de dólares atualmente. Foi registado como o furacão mais irregular da história do Canadá (Kennedy 1979).

O vale de Humber foi o cenário da maioria dos desastres na cidade nessa noite.

As pontes foram levantadas das suas estacas e flutuaram rio abaixo. Uma estrada completa, conhecida como Raymore Drive, a sul da Lawrence Avenue, foi destruída. Trinta e seis pessoas morreram, 60 famílias ficaram sem casa e 1200 metros de rua desapareceram (Kennedy, 1979). O rio Humber terá subido de forma dramática e inesperada nesse dia. Foi selecionada para este estudo uma secção do rio Humber entre a Steeles Avenue e o lago Ontário, com base no cenário relatado por (Kennedy 1979) e na verificação obtida a partir da análise da árvore de eventos. Outra razão para selecionar esta área é o facto de ter uma elevada densidade populacional e uma extensa rede de infra-estruturas. Um mapa da área de estudo é apresentado na Figura 6-4.

6.4. Requisitos de dados

A qualidade dos dados é fundamental para a realização de operações eficazes de gestão de emergências. Com este objetivo em mente, as necessidades de dados foram identificadas com base no cenário concebido. Foram utilizados dados espaciais e não espaciais; os pormenores são os seguintes:

6.4.1 Dados espaciais

Levy (2005) indica que uma base de dados sobre inundações inclui normalmente dados hidrológicos, administrativos e populacionais. Para o presente estudo, foram obtidos vários conjuntos de dados espaciais da Biblioteca de Mapas da Universidade de York, que se resumem a seguir:

1. dados vectoriais de 2003 da Autoridade de Conservação de Toronto e Região (TRCA): Contém bacias hidrográficas, massas de água, DEMs e topografia.

2. NRCan Data: Contém todos os dados NTDB 1:50.000 para as folhas 30M11 e 30M12.

3. DMTI8.2: Contém todos os dados logísticos e DEM das rotas canadianas.

4. ortofotos digitais da cidade de Toronto para 2003: resolução de 7 metros.

5. dados sobre as infra-estruturas críticas da cidade de Toronto.

i. Dados hidráulicos

Os dados hidráulicos obtidos da Water Services Canada WSC sob a forma de dados de caudal (m^3/segundo) foram obtidos para o vale de Humber para quatro estações. Infelizmente, apenas duas delas começam antes de 1954. Assim, apenas os dados de duas estações são utilizáveis para esta pesquisa.

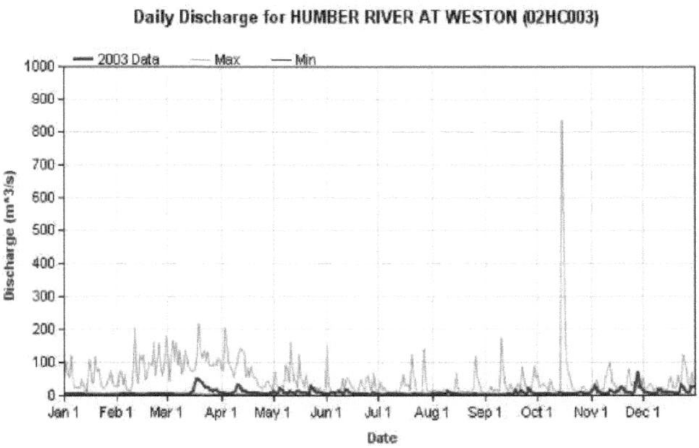

Figura 6-3. Descarga máxima e mínima do rio Humber em Weston entre 1900 e 2003 (após Water Survey Canada 2004)

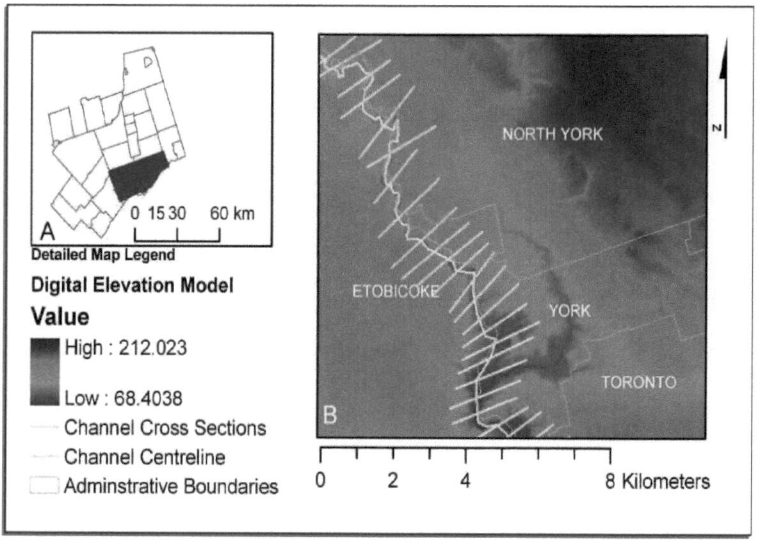

Figura 6- 4. Área de estudo do rio Humber; (A) Localização da área de estudo do rio Humber em relação aos limites municipais da Grande Área de Toronto (GTA), Toronto, Canadá; e (B) Geometria do canal do rio Humber construído.

6.5. Análise da árvore de eventos

A análise da árvore de eventos (ETA) fornece um método sistemático para a investigação de cenários que envolvem sistemas complexos (Nivolianitou et al. 2004). Trata-se de um quadro relativamente simples e útil para analisar os possíveis resultados de um determinado acontecimento ambiental. A ATE fornece uma representação visual de modelos gráficos que se revelaram eficazes na gestão de emergências (Andrews e Dunnett 2000). A aplicação da ATE na avaliação dos riscos ambientais é muito popular, muitos investigadores, incluindo Bui (2000); Magnusson et al. (1996); Newhall e Hoblitt (2002); Whitman (2000) e Hoffmann (1994), utilizaram técnicas de ATE para examinar os riscos relacionados com factores ambientais.

Na AET, cada ramo da árvore conduz de um acontecimento prévio necessário a um resultado mais específico (Newhall e Hoblitt 2002), por exemplo, de um furacão a uma inundação numa secção específica de um curso de água. Em geral, os métodos de árvore de eventos são concebidos para ilustrar relações estáticas entre variáveis lógicas (Siu 1994) e são muito eficientes na identificação de inter-relações de sistemas devido a eventos partilhados (Xu e Dugan 2004).

O principal objetivo da realização da ETA foi fornecer uma representação visual das consequências do furacão, com base na sequência de eventos de Kennedy (1979). O software Relex foi utilizado para efetuar esta análise. A Figura 6-5 mostra um esquema da análise da árvore de eventos reproduzido a partir do diagrama original produzido pelo software Relex. Nesta dissertação, a análise da árvore de eventos foi utilizada para mostrar a sequência de eventos do furacão Hazel. O evento inicial do furacão Hazel foi ramificado em eventos subsequentes, com base no enredo fornecido por (Kennedy 1979). Nesta árvore, cada ramo conduz a um resultado específico em consequência do furacão.

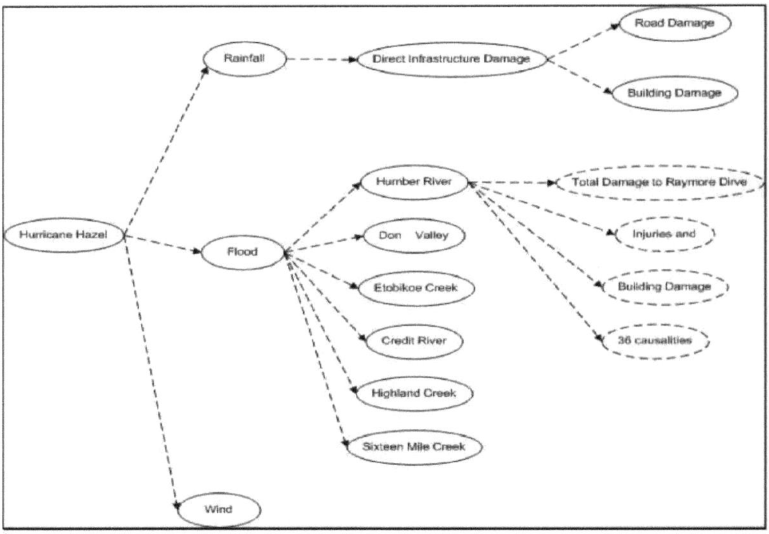

Figura 6-5 Análise da árvore de eventos para o furacão Hazel.

No primeiro nível, estão representados três elementos principais como consequências do furacão: precipitação, inundação e vento. As consequências para cada um destes ramos são pormenorizadas no segundo e no terceiro níveis. As consequências do terceiro nível foram mais acentuadas no rio Humber, o que está de acordo com (Kennedy 1979).

6.6 Modelação hidráulica

A tecnologia SIG evoluiu significativamente para proporcionar uma modelação espacial eficiente, integração de modelos ambientais e capacidades de visualização. Levy et al. (2005); Goodchild e Janelle (2004); Wang et al. (2006); Maguire et al. (2005) destacaram as capacidades únicas e poderosas de acoplamento de modelos do SIG. Esta secção fornece pormenores sobre o processo de simulação de cheias.

6.6.1. Pré-processamento do SIG

O pré-processamento é a primeira etapa do processo de criação do SIG. Envolve uma série de ferramentas que são utilizadas para criar shapefiles que serão utilizados no desenvolvimento da geometria da secção em estudo. Foi utilizado um Modelo Digital de Elevação (DEM) sob a forma de um raster ASCII, juntamente com dados topográficos sob a forma de shapefiles. Foi construído um novo DEM, sob a forma de uma Rede Irregular Triangular (TIN). Com base nos dados do SIG, e com a ajuda do HEC-GeoRAS, foram criados temas para extrair dados geométricos para efeitos de simulação hidráulica. Estes quatro temas são: (1) Linha de centro do curso de água: utilizada para estabelecer a rede fluvial; (2) Margens: utilizada para estabelecer as linhas de fronteira para as margens do curso de água; (3) Trajeto do fluxo e linha de centro: utilizada para determinar os comprimentos de alcance a jusante entre as secções transversais no canal e sobre as áreas das margens; (4) Linhas de corte transversais: utilizadas para identificar a localização em que os dados das secções transversais serão extraídos do terreno TIN e para as estações das margens; e comprimento a jusante. Este processo estabeleceu a conetividade e a direccionalidade do curso de água. Quando a linha central do curso de água 3D e os temas das linhas de superfície da secção transversal 3D estiverem completos, é possível escrever um ficheiro de importação RAS GIS. O ficheiro de importação RAS GIS foi criado e foi gerado um ficheiro completo com um cabeçalho, rede de cursos de água e informação de secção transversal. A Figura 6-6 mostra a linha central do canal e as secções transversais do canal produzidas utilizando o ArcView.

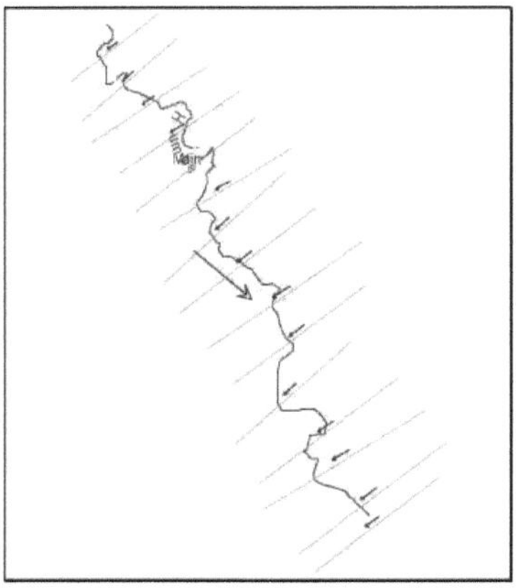

Figura 6-6. Canal gerado com base no SIG do rio Humber em Toronto, Canadá, mostrando a linha central do canal do rio e as secções transversais. Ambos são construídos com base num Modelo Digital de Elevação.

6.6.2. Execução do HEC-RAS

O HEC-RAS é um poderoso pacote de modelação hidráulica desenvolvido pelo US Army Corps of Engineers. É um pacote integrado de análise hidráulica com uma extensão ArcView conhecida como HEC-GeoRAS. Esta extensão, juntamente com o HEC-RAS, é capaz de efetuar cálculos de perfis de superfície de água de fluxo constante, instável e misto. O GIS fornece uma contribuição fundamental ao permitir a aquisição de dados da secção transversal do canal, da geometria do canal e das condições de fronteira do canal. As secções transversais do canal são necessárias em locais representativos ao longo do curso de água e em locais onde ocorrem alterações na descarga, declive, forma e rugosidade. Os dados de caudal do curso de água, juntamente com as condições de fronteira da elevação da superfície da água, podem ser diretamente utilizados como entrada para este modelo.

Foram efectuados cinco passos principais no âmbito da simulação hidráulica. O primeiro passo foi a criação de um novo projeto para a simulação do rio. O segundo passo envolveu a utilização dos dados do SIG, através dos quais a informação importada do SIG assume a forma de dados geométricos detalhados que apresentam a geometria derivada. O terceiro passo consistiu em executar o modelo. Este passo foi realizado em duas fases diferentes. A primeira foi realizada através da introdução de perfis de fluxo para as secções transversais geradas para a secção de foco da área de estudo, e a segunda foi realizada através da introdução de perfis de superfície da água.

O HEC-RAS utiliza uma série de parâmetros para realizar a Análise Hidráulica da geometria do canal, do curso de água e do fluxo de água. O objetivo básico da utilização destes parâmetros é o estabelecimento de secções transversais ao longo do curso de água. Cada secção transversal no HEC-RAS utiliza diferentes parâmetros de entrada para identificar a elevação e a forma do curso de água. Como se mostra na Figura 6-8, o modelo de canal 3-D foi gerado a partir da montagem de todas as secções transversais. O HEC- RAS assume que a carga de energia é constante ao longo da secção transversal e que o vetor velocidade é perpendicular à secção transversal (Tate 1999). Por conseguinte, depois de definir a geometria do curso de água a partir de dados SIG, os valores de caudal são os dados críticos do modelo que são utilizados para o cálculo do modelo.

O escoamento superficial em canais abertos é sempre governado pela carga de energia, carga de velocidade e carga de pressão (Hwang e Hita 1987). O modelo HEC-RAS é um modelo hidráulico que simula o escoamento em canal aberto e é capaz de operar com regimes de escoamento subcrítico, supercrítico e misto. Por exemplo, as duas equações seguintes são resolvidas para o escoamento subcrítico utilizando um procedimento iterativo para as secções a montante (equação 2) e a jusante (equação 1) (HEC 2002).

$$WS_2 + (\alpha_2 V_2)/2g = WS_1 + (\alpha_1 V_1)/2g + h_e \qquad [1]$$

$$h_e = L\ S_f + C\ [(\alpha_2 V_{22})/2g - (\alpha_1 V_{12})/2g\ ] \qquad [2]$$

Onde WS_1 e WS2 são as elevações da superfície da água nas extremidades do alcance, V_1 e V2 são as velocidades médias nas extremidades do alcance, e α_1 e $\alpha 2$ são os coeficientes de velocidade ou de energia para o escoamento nas extremidades do alcance, he é a perda de carga de energia, g é a constante gravitacional, L é o comprimento do alcance ponderado pela descarga, Sf é o declive de fricção representativo para o alcance, e C é o coeficiente de expansão ou de perda de concentração.

Depois de o HEC-RAS ter calculado os resultados com sucesso, ele fornece vários métodos de visualização. Os resultados podem ser apresentados sob a forma de gráficos de secções transversais, como mostra a Figura 6-7, ou sob a forma de geometria 3D do canal com a superfície da água, como mostra a Figura 6-9, ou sob a forma de gráficos de perfis, como mostra a Figura 6-8. Existem outras capacidades de relatório através das quais o HEC-RAS pode fornecer resultados visuais e textuais.

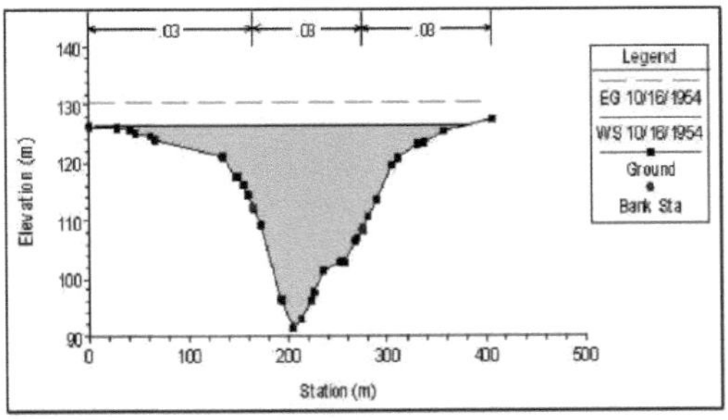

Figura 6-7. Gráfico de secção transversal gerado pelo HEC-RAS mostrando a elevação da superfície da água do rio Humber para uma secção transversal da rede de cursos de água para 16 de outubro de 1954. A análise é feita como parte do Projeto de Simulação do Rio Humber. Nas figuras apresentadas, EG refere-se a Energy Head, WS refere-se a Water Surface Elevation e Bank Sta. refere-se a Bank Stations.

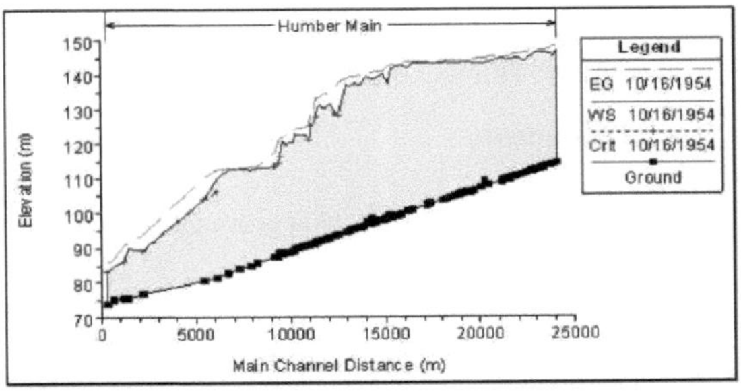

Figura 6-8. Perfil gerado pelo HEC-RAS do canal do rio Humber mostrando a elevação da superfície da água no cenário de inundação para 16 de outubro de 1954. A análise é feita como parte do Projeto de Simulação do Rio Humber. Nas figuras apresentadas, EG refere-se a Energy Head, WS refere-se a Water Surface Elevation e Bank Sta. refere-se a Bank Stations. Crit. refere-se à superfície crítica.

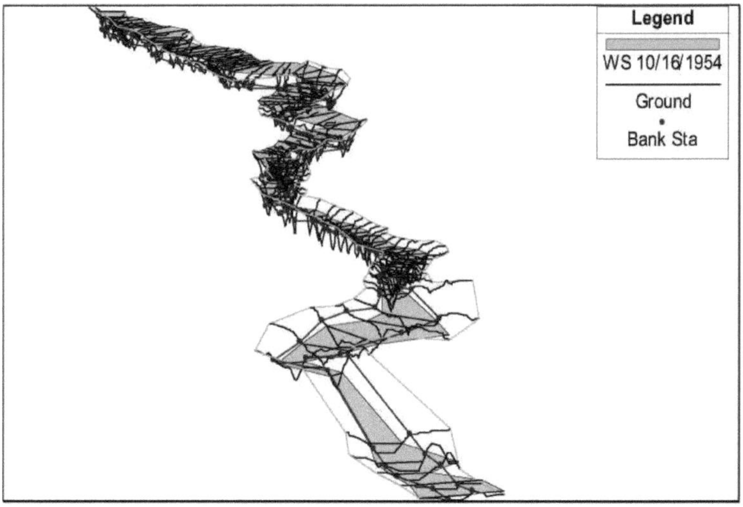

Figura 6-9. Modelo de canal 3D gerado pelo HEC-RAS mostrando o nível de cheia no rio Humber em 16 de outubro de 1954.

6.6.3. GIS Pós-processamento

O pós-processamento é a terceira fase da produção do modelo hidráulico do rio Humber. Os dados HEC-RAS podem ser lidos no GIS principalmente através do ArcView e do HEC- GeoRAS, com um ficheiro de exportação do modelo de fluxo constante criado, as funções de pós-processamento são utilizadas para desenhar a planície de inundação sobre o TIN. Uma vez processado o ficheiro de exportação do SIG, não é difícil criar conjuntos de dados da superfície da água. O pós-processamento é efectuado em três etapas distintas utilizando a extensão HEC-GeoRAS.

A geração do polígono de delimitação e dos alinhamentos das secções transversais fornece um modelo concetual do fluxo do rio e gera os temas SIG necessários para a simulação do fluxo do rio. A Figura 6-11 mostra uma análise em três tempos da extensão espacial da inundação antes, durante e depois do furacão. O valor máximo da inundação neste mapa foi utilizado para desenvolver a base de conhecimentos, principalmente para ter em conta o pior cenário possível.

6.6.4 Validação do modelo

A modelação de inundações desempenha um papel muito importante na gestão de catástrofes, uma vez que ajuda os decisores na prevenção e previsão de inundações. Embora o principal objetivo deste trabalho seja apenas derivar os componentes da base de conhecimentos do modelo de inundação, a avaliação dos cálculos da elevação da superfície da água também é importante. A importância das actividades de validação na simulação hidráulica advém do facto de que a derivação de uma base de conhecimentos específica de um caso requer uma definição completa e precisa dos componentes da base de conhecimentos no âmbito da extensão da cheia.

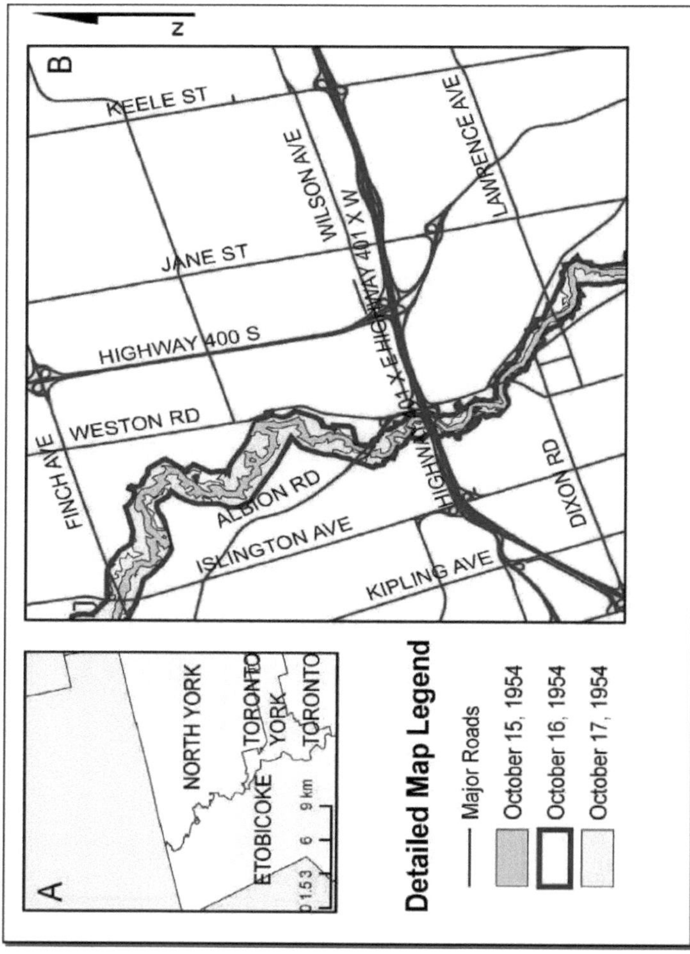

Figura 6-10. Visualização espácio-temporal dos níveis de cheia; (A) Localização da área de estudo do rio Humber em relação aos limites municipais da Grande Toranto Arca (GTA), Toronto, Canadá; e (B) Variação espácio-temporal dos níveis de cheia no rio Humber.

A validação do modelo do perfil da superfície da água HEC-RAS foi concluída comparando os perfis medidos do alcance simulado em diferentes taxas de fluxo médio para 15, 16, 17 e 18 de outubro de 1954, com o fluxo observado obtido a partir de gráficos de descarga fornecidos pela Water Services Canada (divisão do Environment Canada). O modelo HEC-RAS é calibrado em relação ao coeficiente de rugosidade de Manning (valor n) utilizando os dados medidos da elevação da superfície da água fornecidos pelo Environment Canada. Um valor n é estimado com base nos parâmetros fornecidos por Hwang e Hita (1987). Existe uma discrepância muito pequena no erro de validação do modelo entre o caudal observado e o simulado. Este facto pode ser atribuído principalmente ao período de tempo limitado da simulação. O erro de fricção registado (R^2) é de 0,89. A Figura 6-11 mostra um gráfico de validação de modelação de cheias. Os dados de caudal observados foram obtidos da Water Surface Canada. A simulação foi efectuada apenas para o período de 15 a 18 de outubro.

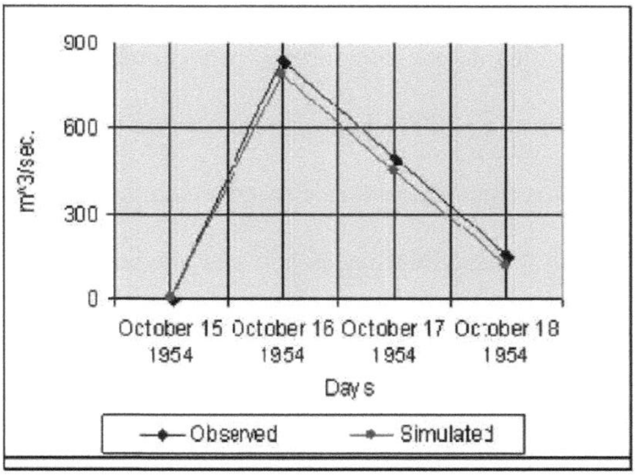

Figura 6-11. Validação do modelo produzido pelo Humber River HEC-RAS, mostrando o gráfico da mudança na taxa de fluxo ao longo do tempo para o fluxo observado versus o fluxo simulado para os dias do furacão Hazel.

Knebla et al. (2005) referem uma série de questões que limitam a exatidão da simulação de cheias. Entre estas questões contam-se: a disponibilidade de dados de observação para validação do modelo e a exatidão do modelo digital de elevação. A simulação de inundações para a gestão de emergências pode ser um processo moroso. Tem grandes exigências em termos de dados e implica a construção da geometria do canal, para além da validação e calibração. Snead (2000) referiu que não há garantias de que secções transversais independentes de cursos de água se adaptem a um modelo de terreno com uma precisão perfeita. Este facto decorre da incerteza inerente ao modelo digital de elevação. A realização de uma simulação de cheias utilizando dois modelos diferentes (i.e., HEC- RAS e MIKE-11) é potencialmente muito útil para fornecer uma imagem clara de como duas precisões de cheias diferentes podem ser comparadas.

6.7 Conceção da base de conhecimentos

A conceção de uma base de conhecimentos espaciais pode ser um processo complexo e moroso, como o demonstram Storey et al. (1995). Uma base de conhecimentos específica de um caso fornece conhecimentos sobre uma situação específica (Christakos et al. 2002). Este tipo de base de conhecimentos espaciais fornece conhecimentos cuja necessidade é reconhecida mas a informação não está disponível. Como tal, fornece informação que está imediatamente disponível para o utilizador (neste caso, o decisor) (Christakos et al. 2002).

6.7.1 Princípios de conceção

Choi e Luk (1992); Jones et al. (1996); Liang et al. (2004); Zhou Jones (2001); e Metternicht et al. (2005) discutiram os princípios básicos da conceção de bases de dados espaciais. Nielsen (1994) apresentou cinco etapas principais para a fase de pré-conceção das bases de dados geográficas.

Estes são:

1) Fornecer um quadro global da base de dados.
2) Permitir a visualização integral da base de dados para definir e avaliar as interações e as ligações entre os elementos.

3. permitir a identificação de potenciais estrangulamentos e áreas problemáticas para que possam ser consideradas alternativas de conceção.
4. identificar os dados essenciais e corretos a incluir na sua base de dados e filtrar os dados irrelevantes.
5. definir procedimentos de atualização para que os dados mais recentes possam ser prontamente incorporados no futuro.

A conceção da base de dados espaciais inclui três elementos principais (Goodchild e Kemp, 1990). O primeiro deles é a "conceção concetual", que envolve a definição dos requisitos da aplicação e a especificação da utilização final da base de dados. A conceção eficaz de um repositório de um sistema de gestão de bases de dados (SGBD) para um SIG exige que as expectativas dos utilizadores e as utilizações pretendidas sejam conhecidas com o máximo de pormenor possível (Stefanakis e Sellis 1996).

A conceção concetual envolve quatro etapas principais, nomeadamente: (a) especificar a utilização da base de dados espaciais; (b) especificar o nível de pormenor; (c) especificar os elementos espaciais das bases de dados SIG; e (d) especificar o tipo de elementos não espaciais que serão explorados na base de dados (por exemplo, etiquetas, texto, atributos, etc.). No entanto, esta questão parece ser cada vez menos importante com os progressos registados nas capacidades de captura de dados, software e hardware dos SIG. A segunda fase da conceção de uma base de dados espaciais é a 'Conceção lógica', que implica a identificação do tipo de sistema de base de dados e dos pacotes SIG adequados à aplicação em causa. Outros aspectos importantes a ter em conta na conceção lógica das bases de dados espaciais são as definições do sistema de coordenadas da tolerância da base de dados, bem como das relações espaciais. A terceira fase da conceção de uma base de dados espaciais é a "conceção física", que se refere ao processo de identificação dos requisitos de hardware e software para aplicações específicas. Nesta fase, a consideração dos componentes básicos do sistema é crucial. Estes componentes incluem: estrutura dos ficheiros, formatos de dados, memória, espaço em disco, velocidade de processamento e placas gráficas.

6.7.2. Conceção concetual

Tem sido dada muita atenção à conceção concetual dos modelos de bases de dados Mannisto e al. (2001) e McKay e al (1996). A conceção concetual da base de conhecimentos espaciais visa definir todos os componentes a incorporar. No contexto atual, os conjuntos de dados de gestão de emergências, as relações espaciais e todos os componentes da base de conhecimentos são identificados com base no cenário de inundação simulado do furacão Hazel, descrito na primeira parte deste capítulo. A segunda parte da conceção concetual desta geodatabase baseia-se nas necessidades de dados do gestor de emergências. A primeira questão a considerar foi "que dados são necessários para construir este modelo? Trata-se de dados vectoriais simples para desenhar mapas ou de dados raster para este tipo de análise? São dados específicos para um software específico ou são dados a serem digitalizados diretamente e visualizados através do explorador de dados (Arctur e Zeiler 2004)? Com base nos dados utilizados na fase de simulação e no acesso às necessidades de gestão de emergências no Capítulo 4, foi possível identificar os principais grupos de dados necessários para este projeto (ou seja, dados de infra-estruturas, dados de gestão de emergências e dados de localização). Com base nisto, foi possível agrupar as camadas de dados como se mostra na Tabela **6-1**. A escala e a área de interesse foram limitadas pelo tipo de dados recolhidos e pela usabilidade e requisitos para este tipo de informação. A Figura 6-11 mostra um conjunto de dados de caraterísticas da base de conhecimentos, bem como as classes de caraterísticas da camada de infra-estruturas. De acordo com Dey et al. (1999), um aspeto fundamental a ter em conta é a extração de informação suficiente de uma situação do mundo real e a possibilidade de a representar adequadamente numa conceção concetual.

Tabela 6-1. Camadas da conceção concetual da base de dados.

Emergency	Data requirements	Infrastructure Group	Emergency Management Group	Location Information Group	Emergency Contacts
Flood	-Region topographic GIS data -Region GIS elevation data -Region watershed data -Hydraulics data -Census track data	-Water Sector	Stream channel - Floodplain - Population distribution -Historical flood information	- Nearby health care services -Nearby stations for emergency medical services -Nearby shelters -Nearby fire stations -Nearby police stations	-Region emergency operations center -Region fire Marshall or representative

Conceção lógica

A modelação da informação em bases de dados pode ser efectuada a dois níveis diferentes: (1) modelação concetual de dados e (2) modelação lógica de bases de dados (Ma 2005). A conceção lógica das bases de dados espaciais é independente da implementação (Beynondavies 1992). Esta fase da conceção da base de conhecimentos envolveu a identificação de classes e grupos de caraterísticas e a sua ligação a atributos e domínios de dados. Nesta fase, foram identificadas as regras da base de dados. O esquema UML apresentado na Figura 6-13 define o tipo de informação necessária para a conceção e implementação. Esta fase envolveu os seguintes passos:

1-Identificação das relações e interdependências espaciais com base nos dados espaciais e não espaciais recolhidos na primeira parte deste estudo.

2-Identificação das propriedades e atributos espaciais dos conjuntos de dados recolhidos, incluindo a precisão e exatidão da base de dados.

3-Proposta de projeto de geodatabase de base de dados espaciais utilizando a técnica de modelação de dados UML.

Modelação UML

A UML é a linguagem gráfica padrão utilizada para modelizar processos empresariais e necessidades de aplicações de software (Booch et al. 2005). Utiliza uma abordagem de modelação centrada nos dados para a conceção de bases de dados e sistemas. Consiste num conjunto de notações para modelar sistemas a partir de uma variedade de pontos de vista e a vários níveis de abstração (France et al. 1998). Permite uma variedade de técnicas de modelação para apresentar visualmente a conceção proposta para sistemas específicos, incluindo bases de dados. A UML é uma linguagem muito flexível.

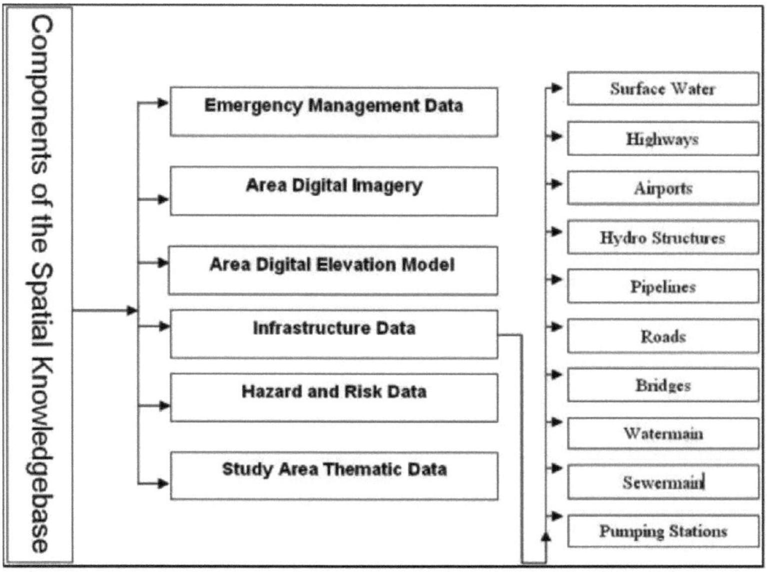

Figura 6-12. Conjuntos de dados de caraterísticas da base de conhecimentos, com pormenores das classes de caraterísticas do conjunto de dados de caraterísticas de infra-estruturas

Esta flexibilidade permitiu a sua utilização para modelar diferentes processos, desde o desenvolvimento comercial à arquitetura de bases de dados. Permite a partilha de um entendimento comum do processo e fornece mecanismos de conceção de engenharia revisíveis e melhorados. A Tabela 6-2 mostra os componentes de banco de dados usados na modelagem UML. O principal desafio das abordagens centradas nos dados é o facto de ficarem rapidamente desactualizadas devido à mudança das relações entre objectos ao longo do tempo (Boggs e Boggs, 1999). A flexibilidade também permite uma rápida atualização do processo. Um inconveniente é o facto de não existir uma forma única de apresentar visualmente de apresentar visualmente as informações de projeto utilizando a UML, mas existem muitas. Esta caraterística em particular pode levar a métodos de representação visual heterogéneos.

Tabela 6-2. Resumo dos diagramas UML disponíveis (segundo Booch et al. 2005).

Diagram	Description
Use Case	Models systems intended functions and its environment that supports the design process.
Interaction	Sequence of collaborative diagrams showing the interaction objects within the system.
Activity	Show the flow of a process. They can be used to show the interaction of objects within the system.
Statechart	Capture the dynamic behavior of the system or objects within the system.
Class	Class diagrams are logical models that show the basic structure of the system
Database	The database diagram depicts the structure of the database including tables, columns, and constraints and so on.
Component	Show the physical storage of the database, including the database management systems, table spaces and partitions.
Deployment	Show the hardware configuration that is used for the database and applications.

Embora os diagramas UML variem, existe um procedimento padrão para documentar as relações através de um gráfico UML. Como mostra a Tabela 6-2, os modelos UML são classificados em oito grupos de acordo com (Booch et al. 2005). Nesta dissertação, é utilizado um diagrama de base de dados para mostrar e documentar o desenvolvimento lógico do modelo Figura 6-13. A utilização das capacidades da UML para visualizar os requisitos ajuda a desenvolver um modelo de conceção de base de dados eficiente. O modelo lógico proposto pode ser implementado através de uma variedade de plataformas.

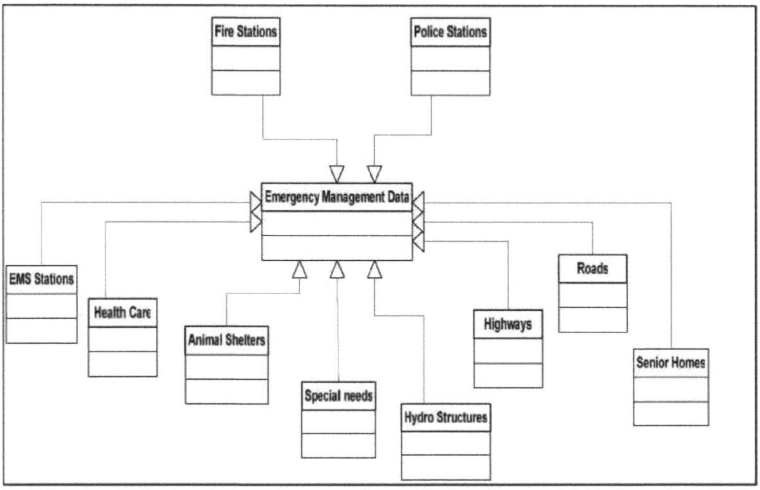

Figura 6-13. Diagrama UML para o conjunto de dados de elementos de gestão de emergências.

6.7.3. Aplicação

Beynondavies (1992) indicou que a junção perfeita entre o trabalho de conceção concetual, lógica e física é viável quando se trata de conceber bases de dados espaciais. No entanto, a implementação pode adotar uma abordagem diferente com base no modelo lógico. A implementação física identifica os requisitos de software e hardware para a construção da base de conhecimentos espaciais. Esta baseia-se na modelação concetual dos requisitos de dados, como a dimensão e a extensão, e nas relações identificadas no modelo lógico, e se estas relações podem ou não ser modeladas utilizando um esquema específico.

Nesta fase, os conjuntos de dados recolhidos, apresentados e identificados no modelo concetual, foram agrupados em conjuntos de dados de caraterísticas. Cada conjunto de dados de caraterísticas contém um certo número de camadas, como mostra a Figura 6-14.

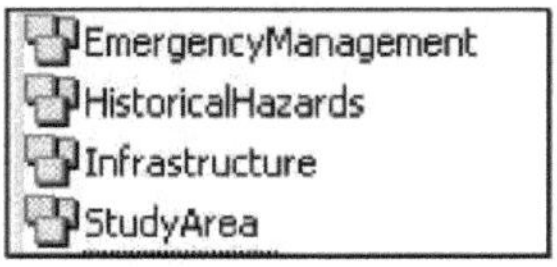

Figura 6-14. Conjuntos de dados de elementos para a camada de gestão de emergências, a camada de perigos históricos e a camada de infra-estruturas.

6.7.3.1 Relações de interdependência na base de conhecimentos

O esquema da base de dados produzido a partir do modelo lógico permitiu a implementação das relações espaciais na base de conhecimentos. Os métodos de representação baseados em objectos na base de dados associam dados de atributos a objectos individuais. Isto é corticalmente importante quando se lida com a interdependência de infra-estruturas, porque controla a relação entre objectos espaciais e não espaciais na base de dados. Utilizando o LBII, as relações conceptuais entre os objectos espaciais são modeladas na base de dados utilizando cardinalidades identificadas no modelo lógico com base nas relações identificadas na conceção concetual para cada uma das camadas do modelo da base de dados geográfica, como se mostra no quadro 6-3.

Tabela 6-3. Exemplo de relações na base de conhecimentos.

Layer 1	Layer 2	Cardinality
Buildings	Flood	Many to One
Buildings	Historical events	Many to Many
EMS	Contact information	One to Many
Senior homes	EMS	Many to One
Hydro structures	highways	Many to Many
Roads	Flood	Many to One
Highways	Floods	Many to One
Senior homes	Ice storms	Many to One
Surface water	Floods	Many to One
Water mains	Highways	Many to Many
Water mains	Floods	Many to One

A etapa seguinte identifica as relações espaciais e as interdependências na base de dados. A fase de implementação transforma as relações mapeadas no modelo lógico numa nova camada conhecida como classe de relação. A classe de relação pode incorporar dados espaciais e não espaciais, bem como caraterísticas dentro de conjuntos de dados de caraterísticas particulares A Figura 6-15 mostra algumas das relações implementadas na base de dados.

As relações representam as regras da Geodatabase, fornecendo informação detalhada sobre o comportamento permitido para as caraterísticas da base de dados; isto inclui a forma como as caraterísticas se podem intersectar e sobrepor. As regras do domínio identificam os comportamentos na base de conhecimentos em termos de herança e processamento de atributos.

A etapa seguinte envolveu a recolha de dados não espaciais e a sua montagem e integração na mesma base de dados. Isto inclui toda a informação tabular identificada na conceção espacial da base de conhecimentos.

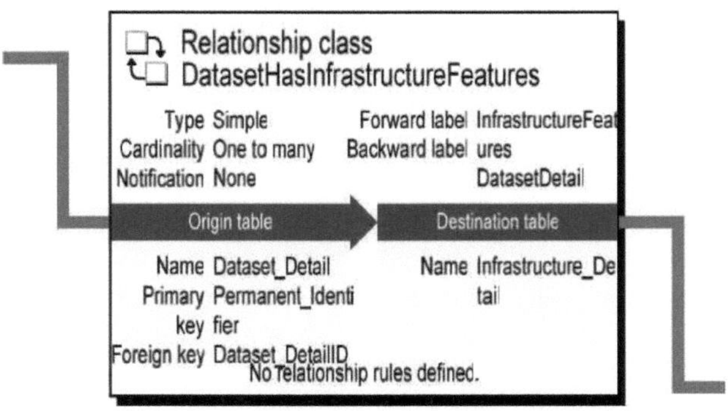

Figura 6-15. Detalhes gráficos da classe de relação na geodatabase.

A última medida de controlo aplicada na implementação incluiu as regras de subtipo a serem implementadas na base de conhecimentos. Estas regras fornecem detalhes sobre as caraterísticas que podem ser implementadas como parte desta geodatabase, e fornecem medidas de controlo ao processar consultas na base de conhecimentos.

6.8 Pontos fortes e fracos da abordagem desenvolvida

A base de conhecimentos desenvolvida neste capítulo é específica para um problema e um local e fornece uma solução transferível. Com base nos requisitos de conceção, a abordagem pode ser personalizada para fornecer uma solução para um problema específico, tendo assim a capacidade de responder às necessidades dos decisores da gestão de emergências. Há questões específicas importantes relacionadas com a conceção e a implementação de uma base de conhecimentos de gestão de emergências orientada para os acontecimentos. Estas questões são discutidas nas secções seguintes.

Os dados digitais são fáceis de processar, altamente acessíveis e menos dispendiosos do que as abordagens tradicionais para a delimitação das planícies aluviais (Levy 2005). Um dos principais pontos fortes da abordagem desenvolvida foi a utilização da disponibilidade de dados espaciais e a tentativa de os utilizar para diferentes utilizadores (decisores). Há cinco questões principais que devem ser tidas em conta na conceção da base de conhecimentos: a) Escalabilidade da base de dados: Refere-se ao potencial de aumento da capacidade de armazenamento da base de dados, bem como às capacidades de atualização de hardware/software com base na dimensão e capacidade do projeto; b) Acessibilidade da base de dados: A facilidade de acesso à base de dados, de paginação e de consulta dos atributos da base de dados; c) Disponibilidade da base de dados: A capacidade de aceder à informação da base de dados e de a consultar; d) Segurança da base de dados: A capacidade de proteger e controlar o acesso ao conteúdo da base de dados; e) Interoperabilidade da base de dados: A capacidade de permitir o acesso de múltiplos utilizadores à base de dados.

A integração de várias tecnologias de modelação diferentes constitui a principal força subjacente a esta abordagem. Fornece informações únicas sobre casos específicos a utilizadores especializados.

6.8.1.1 Aquisição, manutenção e atualização de dados

Devido à rápida resposta necessária quando se trata de emergências, as questões relacionadas com a aquisição, manutenção e atualização de dados são muito importantes do ponto de vista da gestão de emergências. Normalmente, estão envolvidos diferentes departamentos, que podem assumir diferentes papéis na atualização de uma base de dados. A interoperabilidade dos dados é crucial neste domínio. Isto ajuda a minimizar o tempo entre o momento em que os dados são adquiridos pela primeira vez e o momento em que são integrados no sistema; também assegura a coerência entre os departamentos envolvidos.

Um problema com a obtenção de dados hidráulicos da divisão Water Service of Canada (WSC) do Environment Canada para a área de estudo selecionada é que a maioria das estações de monitorização foram instaladas após o cenário de simulação. (i.e., depois de 1954); apenas uma estação na área de estudo foi instalada antes de 1954. No entanto, estão disponíveis dados hidráulicos completos para o sistema do rio Humber após 1958.

6.8.1.2 Qualidade dos dados

Um problema fundamental quando se lida com a interdependência das infra-estruturas é a integridade dos dados. A importância dos sistemas de infra-estruturas críticas muda com o tempo, o que influenciaria a forma como esses sistemas são representados na base de dados e as relações entre os dados espaciais e os dados não espaciais associados a esses objectos. É necessário um protocolo de controlo rigoroso para garantir a qualidade dos dados e a capacidade de processamento rápido das operações de manutenção dos dados do SIG. A disponibilidade de metadados (ou seja, dados sobre dados) para este projeto foi uma questão vital; por exemplo, a licença de dados fornecida pela York Map Library para este projeto incluía apenas algumas linhas na descrição destes dados e não incluía detalhes suficientes sobre caraterísticas importantes como a extensão, a escala e o formato.

Haklay e Tobon (2003) discutiram a viabilidade de envolver o público na utilização de SIG na tomada de decisões. Bush et al. (2005) exigiram a participação do público em projectos de desenvolvimento sustentável para que esses projectos sejam bem sucedidos. A utilidade pública dos SIG para apoiar os decisores decorre principalmente da utilidade das aplicações baseadas na Web Hytonen et al. (2002); Kearns et al. (2003); e Smith (2002). O SIG centrado na rede requer menos conhecimentos técnicos por parte do utilizador final. (Kearns et al. 2003) indicaram que a recolha exaustiva de dados é uma componente essencial da gestão sustentável dos recursos naturais. Conceder ao público o direito de acesso à informação sobre a gestão de desastres aumenta a participação pública na tomada de decisões; assim como lhes dá a oportunidade de responder atempadamente e adequadamente a um desastre que se aproxima. O papel da participação pública no fornecimento de informação de validação é crucial quando se lida com DEMs de grande espaçamento de células. A contribuição da participação do público pode ser útil para dar aos decisores um feedback importante. O público actuaria como parte interessada, com poderes para participar no processo de tomada de decisões em matéria de gestão de emergências. O envolvimento pode assumir a forma de, pelo menos, duas capacidades:

1 - Fornecer informações diretas durante situações de emergência, telefonando para os centros de gestão de emergências. Este envolvimento do público pode ser crucial, uma vez que pode reduzir drasticamente o tempo necessário para aumentar a consciencialização inicial de uma emergência.

2-Participação ativa em estudos de campo para atualização de mapas de planícies aluviais. Isto pode ser feito permitindo que o público partilhe e reúna informações relacionadas com a sua área de residência. O público pode também oferecer-se para efetuar a recolha de dados GPS para salvar o seu bairro, em caso de catástrofe.

Um inconveniente do envolvimento do público em grande escala é o facto de as quantidades crescentes de dados e o interesse crescente do público e dos decisores poderem criar problemas técnicos de armazenamento e acesso aos dados (Kearns et al., 2003). Assim, a formação e a privacidade são questões críticas quando se envolve o público no processo técnico de tomada de decisões.

6.9. Resumo

Este capítulo aborda o processo de conceção de uma base de conhecimentos espaciais para a interdependência de infra-estruturas. A primeira parte deste capítulo aborda o processo analítico da análise da árvore de eventos e a forma como o cenário do furacão Hazel se relaciona com o cenário de inundações no rio Humber. A segunda parte deste capítulo envolveu a modelação de cheias com base em SIG, utilizando as ferramentas de modelação HEC-RAS e HEC GeoRAS. Os resultados obtidos na fase de pré-processamento utilizando o HEC-GeoRAS apresentavam-se sob a forma de diferentes shapefiles digitalizados para representar a linha central do curso de água, as margens do curso de água e o trajeto do caudal. Os resultados indicam que estes parâmetros são muito importantes para gerar os pormenores da geometria do canal. A forte integração demonstrada pelo ArcView e pelo HEC-RAS no desenvolvimento de uma série de shapefiles, com base num fundo DEM para produzir a geometria do canal do ribeiro, é considerada muito singular e poderosa.

A última parte deste capítulo centra-se na conceção e implementação parcial de uma base de conhecimentos espacial para a gestão de emergências, utilizando a informação de gestão de emergências recolhida durante esta fase. A base de conhecimentos resultante é considerada única entre outros modelos recentemente desenvolvidos, porque utiliza três soluções de software diferentes. Assim, trata-se de uma abordagem única de desenvolvimento de bases de conhecimentos baseadas em modelos.

Os pontos fortes e fracos associados ao processo de obtenção de conhecimentos específicos de casos de catástrofes históricas são discutidos em pormenor. Uma limitação fundamental do HEC-RAS é o facto de não ter capacidade para lidar com sistemas de coordenadas. Ao lidar com o DEM, podem surgir problemas de resolução, uma vez que nem todas as resoluções são compatíveis. Por conseguinte, este facto pode influenciar significativamente a validade do modelo.

CAPÍTULO 7

7. Conclusões

*"Se soubéssemos o que estamos a fazer, não se chamaria investigação, pois não?
"*

Albert Einstein

A maior parte da investigação atual aborda a questão da utilização do SIG para a gestão de catástrofes e emergências a partir de uma única perspetiva (Kiranoudis et al., 2002; Korup, 2005; e Wang et al., 2003). No entanto, isto negligencia o facto de que tanto o SIG como os campos de gestão de catástrofes são interdisciplinares e que devem alavancar positivamente esta força, a fim de fornecer apoio interdisciplinar à decisão para os gestores de catástrofes. Ao contrário de outras pesquisas, esta dissertação forneceu uma estrutura de vários níveis para a utilização de SIG centrados em redes em operações de gestão de catástrofes e emergências. O principal objetivo desta dissertação, como discutido no Capítulo 1, foi aplicar métodos de investigação interdisciplinares para explorar a utilização do SIG centrado na rede como uma tecnologia central nas operações de gestão de catástrofes, com ênfase na interdependência das infra-estruturas.

7.1. Abordagem interdisciplinar baseada na síntese

Esta dissertação preenche simultaneamente uma lacuna na literatura sobre SIG e gestão de catástrofes, uma vez que fornece uma forma nova e inovadora de utilizar a tecnologia SIG centrada na rede para a tomada de decisões eficazes na gestão de catástrofes. A abordagem multinível aqui apresentada é suficientemente flexível para permitir a sua implementação numa ampla variedade de formas.

As conclusões da avaliação analisada no Capítulo 4, utilizando o questionário, as entrevistas e as reuniões consultivas, sugerem que os decisores em matéria de gestão de catástrofes enfrentam muitos obstáculos. Entre esses obstáculos estão as dificuldades operacionais, de sistemas e políticas na integração da interoperabilidade do SIG como parte de um processo de tomada de decisões mais eficaz. A nível municipal, os gestores de emergências são o pessoal da linha da frente que lida com situações extremas. Estes decisores não são totalmente capazes de utilizar o SIG centrado na rede como uma tecnologia central nas operações de gestão de catástrofes devido aos seguintes obstáculos:

1-A capacidade dos diferentes departamentos governamentais a nível local, provincial e federal de partilharem os seus dados para a gestão de emergências.

2-A necessidade de normas de dados que ajudem à partilha de dados e informações.

3-Priorizar e organizar os níveis de "necessidade de saber", uma vez que estes estão relacionados com a gestão de emergências.

4-Direitos de acesso à informação em situações de emergência e a medida em que tal entra em conflito com a regulamentação em matéria de privacidade.

5-Definição clara do âmbito do acesso aos dados e informações jurisdicionais.

6-Centros de Operações de Emergência disponíveis .

7-Planos claros para a integração de recursos em situações de emergência.

Do ponto de vista político, os resultados das análises operacionais revelaram que existe uma necessidade real de um regulamento que permita aos decisores da gestão de emergências ter um acesso razoável aos dados e à informação durante as situações de emergência, especialmente aos dados pertencentes ao sector privado.

Uma das principais dificuldades com que se depara a investigação relatada nesta dissertação está relacionada com a dificuldade de acesso a dados e informações de gestão de emergências, tanto do governo como do sector privado. Esta dissertação sugere uma nova solução para o acesso aos dados, que depende do estabelecimento de protocolos de partilha de informação de confiança entre os governos, o sector privado, as partes interessadas na gestão de emergências e os investigadores. No Canadá, não existe um protocolo que controle a partilha de informações em situações extremas.

7.2. Capacidades espácio-temporais integradas centradas na rede

Esta dissertação demonstrou que a interoperabilidade dos SIG é eficaz na coordenação do processo de tomada de decisões de gestão de emergências, permitindo o acesso e a atualização simultâneos de dados e informações. Dois cenários delinearam a melhor forma de utilizar o SIG centrado na rede na modelação e visualização de cenários de gestão de catástrofes. Através da sua integração com outros sistemas de modelação, a funcionalidade do SIG fornece aos decisores ferramentas que podem melhorar o processo de tomada de decisões. Neste sentido, um centro virtual de gestão de emergências pode fornecer acesso a dados quase em tempo real a decisores em diferentes locais.

Uma das limitações deste estudo é o facto de ter apenas dois modelos integrados de mapas de tremores de terra e modelos de simulação hidráulica como entrada numa base de dados SIG. Outros modelos que fornecem informações detalhadas sobre efeitos em cascata, falhas crescentes e dinâmica de sistemas também poderiam ser incluídos como entrada em bases de dados GIS e forneceriam capacidades de visualização muito avançadas. A utilização de outros componentes de modelação espacialmente habilitados ajudaria significativamente a expandir a nossa compreensão da complexa questão das interdependências das infra-estruturas críticas.

A dimensão temporal é muito importante para quantificar e compreender a magnitude dos danos, a extensão espacial do pico de inundação e o impacto em cada uma das interdependências entre vários sectores e sistemas de infra-estruturas. Nesta dissertação, os aspectos temporais dos cenários de gestão de catástrofes foram discutidos, e apenas a extensão do pico de cheia foi utilizada na construção da base de conhecimentos. O estudo explícito dos aspectos temporais associados à gestão de catástrofes seria de grande utilidade para a comunidade de gestão de catástrofes.

7.3 Interdependência das infra-estruturas baseadas na localização (LBII)

Esta dissertação introduziu o novo conceito de LBII, que incorpora o fator localização, juntamente com capacidades básicas e avançadas de análise SIG, para fornecer aos decisores um conceito e uma técnica transferíveis para outros sectores de infra-estruturas críticas, independentemente da sua localização. A abordagem LBII introduzida fornece uma solução inovadora para a complexa questão da modelação da interdependência de infra-estruturas críticas ao nível da microescala. Esta abordagem foi agora testada utilizando cenários relacionados com sismos e inundações. Os sistemas de infra-estruturas, como os transportes de superfície, as águas de superfície e os serviços públicos, podem utilizar melhor o conceito de LBII. Os métodos e técnicas de SIG centrados na rede aqui investigados são mais eficazes para apoiar o conceito de interdependência de infra-estruturas, detalhando explicitamente a coexistência espacial e as interdependências espaciais dos sectores de infra-estruturas.

Esta abordagem pode ser aplicada a outros sistemas de infra-estruturas, como a saúde e os serviços públicos. A aplicação da abordagem pode não se adequar a todos os dez principais sectores de infra-estruturas do Canadá, principalmente porque a componente espacial em alguns destes sectores não é muito proeminente.

7.4 Base de conhecimentos espaciais para a gestão de catástrofes

A nova abordagem apresentada nesta dissertação demonstrou como um cenário de simulação pode evoluir para fornecer uma base de conhecimentos espaciais abrangente e como as simulações baseadas em cenários são eficazes na modelação e simulação para a gestão de emergências. A concetualização das necessidades de dados, os processos e o desenvolvimento de uma base de conhecimentos mostraram até que ponto as bases de dados SIG podem integrar diferentes tipos de fontes de informação apenas com o objetivo de abordar eficazmente as questões de interdependência das infra-estruturas durante as emergências. O protocolo de implementação da base de conhecimentos resultou num modelo de dados único que serve de motor de base de conhecimentos espaciais para modelar a interdependência das infra-estruturas, no qual foi utilizado um modelo de base de dados objeto-relacional para fornecer uma geodatabase para a interdependência das infra-estruturas. A singularidade da base de conhecimentos pode ser resumida da seguinte forma:

1-São escaláveis e acomodam dados espaciais de qualquer dimensão.

2 - É transferível e pode ser modificado e utilizado em sectores de infra-estruturas semelhantes.

3-Tem a capacidade de ser integrado com outras ferramentas de modelação da interdependência de infra-estruturas.

4-Fornece produtos visuais e capacidades de elaboração de relatórios fortes.

O reforço da inteligência da base de conhecimentos espaciais poderia contribuir significativamente para a eficiência com que os conhecimentos são fornecidos. A inteligência da base de conhecimentos pode ser melhorada de duas formas: a) acrescentando mais regras e relações, o que pode permitir uma funcionalidade mais avançada para a modelação da LBII. No entanto, tal dependerá dos dados adicionais que tenham sido acrescentados à base de conhecimentos; e b) através do desenvolvimento de uma interface interactiva avançada do utilizador do ArcGIS, a fim de fornecer funções mais pormenorizadas para a interdependência das infra-estruturas.

CAPÍTULO 8

8. Visão da investigação sobre a interdependência das infra-estruturas

"A questão das interdependências só recentemente foi amplamente reconhecida e os especialistas ainda estão a debater-se com a gravidade do problema e as formas de o resolver. " ***Público Segurança e preparação para emergências do Canadá "PSEPC"***

Esta dissertação explorou a gestão de desastres a partir de uma perspetiva interdisciplinar. Cada um dos três níveis explorados nesta dissertação é um desafio e requer um esforço de investigação adicional. Uma vez que a Interdependência de Infra-estruturas é um novo campo de investigação, existem muitos desafios e incertezas que ainda têm de ser abordados. A secção seguinte destaca importantes lacunas de investigação que foram identificadas e apresenta uma visão para a investigação futura no domínio da interdependência de infra-estruturas.

8.1. Investigação teórica: Perspetiva das Ciências Sociais:

De uma perspetiva de pesquisa teórica, existem quatro questões que podem ser abordadas em detalhe e que provavelmente forneceriam um impacto direto no campo da gestão de desastres; estas são:

1. **Situação da luta contra as catástrofes:** A situação do desenvolvimento de indicadores de alerta, da afetação de recursos e de planos de emergência operacionais eficientes está ainda repleta de muitas incertezas, apesar da existência de legislação e regulamentação. É necessário um esforço de investigação adicional para: (1) dar prioridade aos requisitos operacionais em situações extremas, (2) fornecer informações pormenorizadas sobre a utilização de recursos e (3) mobilizar recursos adicionais, conforme

necessário, durante as catástrofes. Questões como a governação e as funções e responsabilidades da gestão de emergências, particularmente no que diz respeito ao sector das infra-estruturas, ainda não são muito claras. É imperativo que as funções e responsabilidades de cada departamento governamental sejam claramente definidas quando se lida com emergências e ameaças específicas.

2. **Avaliação do impacto a vários níveis:** A avaliação do impacto a vários níveis para grupos específicos da comunidade em áreas propensas a catástrofes é importante, uma vez que, em caso de emergência, essa informação *a priori* pode reduzir consideravelmente os danos. Por exemplo, para uma cidade como Vancouver, que tem um risco relativamente elevado de terramoto, uma avaliação pormenorizada dos impactos a curto e longo prazo pode fornecer uma base para avaliar o impacto escalável (ou seja, o aumento do impacto com o aumento do tempo de exposição a um determinado risco ou consequência do risco).
3. **Vulnerabilidades sociais baseadas na LBII:** A avaliação das comunidades socialmente vulneráveis pode ajudar a dar prioridade à resposta e a lidar com essas vulnerabilidades aquando do desenvolvimento de planos de gestão de emergências.
4. **Desenvolvimento de uma cultura de gestão de emergências:** A cultura de gestão de emergências é fraca nas nossas comunidades. A cultura de gestão de emergências é fraca nas nossas comunidades, começando ao nível do indivíduo e passando pelos vários níveis organizacionais. A investigação em ciências sociais pode ajudar a compreender os factores que

motivam e encorajam a disseminação da cultura de gestão de emergências. O facto de uma determinada comunidade ainda não ter passado por uma emergência não significa que essa comunidade esteja protegida contra a ocorrência de uma.

8.2. Métodos analíticos: Perspetiva da ciência aplicada

1- **Métodos de normalização do carácter crítico das infra-estruturas.** A criticidade de um determinado sector pode mudar com o tempo. No entanto, existe uma necessidade real de uma metodologia normalizada para avaliar a criticidade, a fim de permitir uma avaliação e atualização regulares dos factores que identificam a criticidade. Esta metodologia deve ter parâmetros únicos que possam ser aplicados a qualquer um dos dez sectores de infra-estruturas, com base na sua localização geográfica, e fornecer uma pontuação baseada em pontos para o grau de criticidade de cada sector. Uma metodologia deste tipo será muito útil para abordar a questão da ILIB de uma forma mais direcionada. Também pode ajudar a fornecer uma indicação do período de tempo para a validade dos modelos LBII.

2- **Métodos de avaliação de riscos de interdependência espacialmente habilitados.** A realização da avaliação de riscos de forma quantitativa é um processo complexo. São necessárias metodologias integradas de modelação e SIG para fornecer estimativas razoáveis dos danos e perdas que as nossas comunidades podem enfrentar em situações extremas.

3- **Métodos para sistematizar a previsão de efeitos em cascata resultantes**

da interdependência. Os efeitos em cascata podem ter um impacto total ou parcial. São necessárias metodologias para identificar os efeitos em cascata que podem ocorrer num determinado local devido a uma emergência específica. Quer o impacto seja parcial ou total, estes métodos podem fornecer uma grande quantidade de informação aos decisores e ajudar no planeamento da resiliência a catástrofes.

8.3. Conceção e implementação: Perspetiva da engenharia

1- **Conceção e implementação de tecnologias de apoio à decisão para a simulação de comportamentos de sistemas selecionados.** Em situações de emergência e na determinação de efeitos específicos em cascata, este tipo de SDSS pode ser de grande utilidade para os decisores, uma vez que fornecerá informações detalhadas sobre o comportamento do sistema simulado. Além disso, fornecerá informações detalhadas sobre a interação do sistema durante esses eventos.
2- **Desenvolvimento de um sistema de apoio à decisão baseado no risco (SDSS) para impacto em múltiplos sectores.** Os SDSS baseados em eventos podem ser de grande ajuda quando se lida com riscos ou ameaças específicos. Esses sistemas fornecem informações sobre todas as contingências relacionadas que podem ocorrer num determinado local como resultado de um determinado evento; por exemplo, um sistema de modelação baseado em inundações que incorpore todas as informações de localização necessárias pode ser de grande utilidade para os decisores de uma determinada região.

3- **Sistemas de apoio à decisão (SDSS) que têm em conta vários tipos de interdependência e produzem um resultado para cada um deles:** Um SDSS que possa combinar mais do que um tipo de interdependência de infra-estruturas pode ser extremamente útil. Por exemplo, um sistema que possa combinar interdependências físicas e geográficas pode ser muito eficiente para os decisores.

Referências

Abdalla, R., 2002. A Remote Sensing and Geospatial Information Systems Approach for Environmental Hydraulics Modeling: Application of the Qu'Appelle River, Sothern Saskatchewan. Tese de Mestrado, Universidade de Regina, Regina, 162 pp.

Abdalla, R. e Tao, V., 2004. Applications of 3D Web-based GIS in Earthquake Disasters Modeling and Visualization", Geospatial Information Research: Bridging the Pacific and Atlantic. Proc. 12th Int. Conf. sobre Geoinformática, Universidade de Gavle, Suécia, pp. CD.

Abdalla, R. e Tao, V., 2005. A Network-Centric Spatial Decision Support System for Modeling Infrastructure Interdependency, Simpósio Anual do Programa de Investigação sobre Interdependências de Infra-estruturas Conjuntas, Ottawa.

Abdalla, R., Tao, V., Wu, H. e Maqsood, I., 2006. A GIS-supported 3D Approach for Flood Risk Assessment of the Qu'Appelle River, Southern Saskatchewan. Int. J. Risk Assessment and Management, 6(4/5/6): 440-455.

Acevedo, W. e Masuoka, P., 1997. Técnicas de animação de séries temporais para visualizar o crescimento urbano. Computers & Geosciences, 23(4): 423-435.

Adam, N.R. e Gangopadhyay, A., 1997. Database Issues In Geographic Information Systems. Advances in Database Systems. Kluwer Academic Publishers, Boston, Dordrecht, Londres.

Alexander, D., 1993. Natural Disasters. Chapman & Hall, Nova Iorque, 632 pp.

Ali, S.H., 2002. Catástrofe e economia política da reciclagem: Toxic Fire in An Industrial City (Incêndio Tóxico numa Cidade Industrial). Social Problems, 49(2): 129-149.

Allen, E., Edwards, G. e Bedard, Y., 1995. Qualitative Causal Modeling in Temporal GIS (Modelação Causal Qualitativa em SIG Temporal). Spatial Information Theory, 988: 397-412.

Allen, R.S., 2001. Investigação Interdisciplinar: A Literature-based Examination of Disciplinary Intersections using a Common Tool, Geographic Information System (GIS). Science & Technology Libraries, 21(3-4): 191-209.

Amdahl, G., 2001. Resposta a catástrofes: GIS for Public Safety. ESRI Press, Redlands, Califórnia, v, 108 pp.

Andrews, J.D. e Dunnett, S.J., 2000. Análise de árvore de eventos usando decisão binária

Diagramas. IEEE Transactions on Reliability, 49(2): 230-238.

Arctur, D. e Zeiler, M., 2004. Designing Geodatabases: Case Studies in GIS Data Modeling. ESRI Press, Redlands, Califórnia, 384 pp.

Aven, T., 2003. Fundamentos da análise de risco: Knowledge and Decision-oriented Perspective. John Wiley & Sons, Chichester; Hoboken, NJ, xv, 190 pp.

Banai, R., 2005. Sustentabilidade dos recursos terrestres para o desenvolvimento urbano: Spatial Decision Support System Prototype. Gestão Ambiental, 36(2): 282-296.

Beaujardiere, J., 2004. Web Map Service Specification, Versão 1.3 OpenGIS Implementation Specification 04-024.

Bell, M. e Neumann, H., 1997. Prehistoric Inertial Archaeology and Environments in the Severn Estuary, Wales. WorldArchaeology, 29(1): 95-113.

Ben Wu, X. e Smeins, F.E., 2000. Abordagem de modelação a várias escalas para o planeamento urbano. Paisagem e Planeamento Urbano, 51(1): 11-28.

Beynondavies, P., 1992. Using an Entity Model to Drive Physical Database Design. Tecnologia da Informação e do Software, 34(12): 804-812.

Bishr, Y., 1998. Overcoming the Semantic and Other Barriers to GIS Interoperability (Ultrapassar as barreiras semânticas e outras à interoperabilidade SIG). Jornal Internacional de Ciência da Informação Geográfica, 12(4): 299-314.

Boggs, W. e Boggs, M., 1999. Mastering UML with Rational Rose. Sybex, São Fransico, Paris, Londres, 957 pp.

Booch, G., Rumbaugh, J. e Jacobson, I., 2005. The Unified Modeling Language User Guide (Guia do Utilizador da Linguagem de Modelação Unificada). Upper Saddle River, Nova Jersey, 475 pp.

Briggs, D., 2005. The Role of GIS: Coping with Space (and time) in Air Pollution Exposure Assessment. Journal of Toxicology and Environmental Health-Part a- Current Issues, 68(13-14): 1243-1261.

Brindley, S., 2005. Critical Infrastructure Interdependencies, Conferência Mundial sobre Gestão de Catástrofes, Toronto, CD.

Britton, N., 1986. Developing an Understanding of Disasters (Desenvolver uma Compreensão das Catástrofes). Australia and New Zealand Journal ofScience, 22: 254-271.

Bryan, B.A., 2003. Modelação, visualização e consulta do ambiente físico para apoio a decisões de planeamento paisagístico. Paisagem e Planeamento Urbano, 65(4): 237-259.

Buckley, A. R., Gahegan, M. e Clarke, K., 2000. Geographic Visualization, Universidade da Califórnia, Santa Bárbara.

Bui, E.N., 2000. Risk Assessment in the Face of Controversy: Tree Clearing and Stalinization in North Queensland. Environmental Management, 26(4): 447-456.

Bush, I.G., Gillson, A., Hamilton, M., e Perrin, M., 2005. Public Participation - Drawing the Boundaries. Revista Waterand Environment, 19(3): 181-188.

Canadá, Governo de 1985. Emergency Preparedness Act. http://lois.justice.gc.ca/en/E-4.6 (acedido em 23 de julho de 2005).

Canadá, Governo de 1998. Emergency Preparedness Legislation in Canada. http://ww3.psepc-sppcc.gc.ca/ep/legisla/summary/index_e.asp (acedido em 25 de julho de 2005).

Canadá, Governo de 2001. Lei Antiterrorismo. Justiça do Canadá. http://lois.justice.gc.ca/en/A-1L7/index.html (acedido em 31 de julho de 2005.)

Carter, W.N., 1991. Disaster Management: A Disaster Manager's Handbook. Banco Asiático de Desenvolvimento, Manila, 417 pp.

Casciati, Gamba, F., P.; Girogi, F., Marazzi, A. e Mecocci, A., 1997. A Flexible Environment for Earthquake Rapid Damage Detection and Assessment, Geoscience and Remote Sensing, 1997. IGARSS '97. 'Remote Sensing - A Scientific Vision for Sustainable Development'. 1997 IEEE International, pp. 113- 115vol.1.

Chang, S.E., Svekla, W.D. e Shinozuka, M., 2002. Linking Infrastructure and Urban Economy: Simulação dos impactos da interrupção da água em terramotos. Environment and Planning B-Planning & Design, 29(2): 281-301.

Chang, Y.S. e Park, H.D., 2006. Modelo de desenvolvimento baseado em serviços Web XML para aplicações SIG na Internet. Jornal Internacional de Ciência da Informação Geográfica, 20(4): 371-399.

Choi, A., e Luk, W.S., 1992. Usando um sistema de base de dados orientado a objectos para construir um núcleo de base de dados espaciais para aplicações GIS. Sistemas de Computação, 7(2): 100121.

Christakos, G., Bogaert, P. e Serre, M., 2002. Temporal GIS: Advanced Field-Based Applications. SpringerVerlag, Berlim, Heidelberg, Nova Iorque, 217pp.

Cross, J.A., 2001. Megacities and Small Towns: Different Perspectives on Hazard Vulnerability. Environmental Hazards, 3(2001): 63-80.

Dai, J.J., Lorenzato, S. e Rocke, D.M., 2004. A knowledge-based model of watershed assessment for sediment. Environmental Modeling & Software, 19(4): 423-433.

Davis, B.E., 2001. GIS: A Visual Approach. Onword Press, Albany, x, 438 pp.

Dey, D., Storey, V.C. e Barron, T.M., 1999. Improving Database Design Through the Analysis of Relationships (Melhorar a conceção de bases de dados através da análise de relações). ACM Transactions on Database Systems, 24(4): 453486.

Departamento de Assuntos Humanitários das Nações Unidas (DHA.), U.N.D.o.H.A., 2000. Internationally Agreed Glossary of Terms Related to Disaster Management, Genebra, 120 pp.

Dietzel, C., Herold, M., Hemphill, J.J. e Clarke, K.C., 2005. Spatio-Temporal Dynamics in California's Central Valley: Empirical Links to Urban Theory. Revista Internacional de Ciência da Informação Geográfica, 19(2): 175-195.

DMTI Spatial Inc. 'DMTI' 2004. CanMap RouteLogistics V. 6.2.

Dynes, R., 1970. Organized Behavior in Disaster. Health Lexington Books, Lexington, MA.

El-Diraby, T., 2005. Infrastructure Interdependencies Through An Analysis of Stakeholder Needs, Risks and Competencies, Simpósio Anual do Programa de Investigação sobre Interdependências de Infra-estruturas, Ottawa.

Elawad, Y., Chen, Z., G., H., Tao, C.V. e Abdalla, R., 2005. An Integrated Approach for Flood Risk Assessment for the Red River in Southern Manitoba, Conferência Anual da Sociedade Canadiana de Engenharia Civil, Toronto.

Emergency Management Australia (EMA.), 2002. Approaches to Emergency Management. Australian Emergency Manuals Series, 2 - Mitigation Planning. Emergency Management Australia, Dickson, 80 pp.

Emergency Management Ontario 'EMO', 2004. Ontario Emergency Management Doctrine for Ontario, Emergency Management Ontario, Toronto. 36pp

Emergency Management Ontario 'EMO', 2003. Lei de Prontidão para Emergências. Governo do Ontário. http://www.ontla.on.ca/library/bills/148373.htm. (acedido em 20 de julho de 2005).

Erharuyi, N. e Fairbairn, D., 2003. Mobile Geographic Information Handling Technologies to Support Disaster Management (Tecnologias Móveis de Tratamento de Informação Geográfica para Apoio à Gestão de Catástrofes). Geography, 88: 312-318.

Etkin, D., Haque, E., Bellisario, L. e Burton, I., 2004. An Assessment of Natural Hazards and Disasters in Canada: A Report for Decision-Makers and Practitioners. PSEPC & Environment Canada, pp. 68.

Evans, J.D., 2003. Web Coverage Service 'WCS', Versão 1.0.0. Número do documento OGC: 03-065R6, 171 pp.

Farley, J.A. e Hecht, L.G.J., 1999. Infrastructure for Disaster Management: Building Bridges Between Open Geoprocessing Technologies and the Disaster Management Community, Open GIS Consortium, White Paper.

Ferrier, N. e Haque, C.E., 2003. Metodologia de Avaliação de Riscos de Perigo para Gestores de Emergência: A Standardized Framework for Application. Natural Hazards, 28: 271290.

Flint, C.G. e Luloff, A.E., 2005. Natural Resource-based Communities, Risk, and Disaster: An Intersection of Theories. Society & Natural Resources, 18(5): 399412.

França, R., Evans, A., Lano, K. e Rumpe, B., 1998. The UML As a Formal Modeling Notation. Computer Standards & Interfaces, 19(7): 325-334.

Freeman, P.K., 2003. Disaster Risk Management: National Systems for the Comprehensive Management of Disaster Risk and Financial Strategies for Natural Disaster Reconstruction. pp. 97.

Garofalo, J., 2006. As the Growers See it: A Survey of Hurricane Katrina Damage to Nursery Crops and Structures in Miami-Dade, Florida. Hortscience, 41(3): 501501.

Laboratório de Tecnologias de Informação e Comunicação Geoespaciais (GeoICT), 2003. Manual GeoServNet. Laboratório GeoICT da Universidade de York, pp. 367.

Germs, R., Van Maren, G., Verbree, E. e Jansen, F.W., 1999. A Multi-view VR Interface for 3D GIS. Computers & Graphics-Uk, 23(4): 497-506.

Giardino, M., Giordan, D. e Ambrogio, S., 2004. Tecnologias SIG para a recolha de dados, gestão e visualização de grandes instabilidades de taludes: Duas aplicações nos Alpes italianos ocidentais. Natural Hazards and Earth System Sciences, 4(2): 197-211.

Giersten, C. e Lucas, A., 1994. 3D Visualization for 2D GIS - An Analysis of the Users Needs and a Review of Techniques. Fórum de Computação Gráfica, 13(3): C1- C12.

Glover, J., 1995. The Need for Open GIS - Parte 1: O desafio da integração. Mapping Awareness, 9(8).

Godschalk, D.R., 1991. Mitigação de catástrofes e gestão de riscos. Em: T.E. Drabek e G.J. Hoetmer (Editores), Emergency Management: Principles and Practices for Local Government. International City Management Association, Washington, DC.,pp. 131-160.

Goodchild, M.E., 2003. Geographic Information Science and Systems for Environmental Management (Ciência e Sistemas de Informação Geográfica para a Gestão Ambiental). Annual Review of Environment and Resources, 28: 493-519.

Goodchild, M.F., 1996. GIS e Modelação Ambiental: Progress and Research Issues. GIS World Books, Fort Collins, CO, xvii, 486 pp.

Goodchild, M.F. e Janelle, D.G., 2004. Spatially Integrated Social Science. Spatial Information Systems. Oxford University Press, Oxford, Inglaterra; Nova Iorque, xviii, 456 pp.

Goodchild, M.F. e Kemp, K.K., 1990. NCGIA Core Curriculum. NCGIA Core Curriculum, 1,2 e 3. NCGIA, Universidade da Califórnia, Santa Barbara.

Goodchild, M.F., Parks, B.O. e Steyaert, L.T., 1993. Environmental Modeling with GIS. Oxford University Press, Nova Iorque.

Gordon, J.A., 2002. Comprehensive Emergency Management for Local governments: Demystifying Emergency Planning. Rothstein Associates, Brookfield, Connecticut, xviii, 212 pp.

Gunes, A.E. e Kovel, J.P., 2000. Using GIS in Emergency Management Operations. Journal ofUrban Planning and Development-ASCE, 126(3): 136-149.

Gupta, P.K. e Singh, A.P., 2005. Disaster Management for Nandira Watershed District Angul (Orissa) India, Using Temporal Remote Sensing Data and GIS. Environmental Monitoring and Assessment, 104(1-3): 425-436.

Haddow, G.D., Bullock, J.A. e Coppola, D.P., 2006. Introduction to Emergency Management. Série de segurança interna da Butterworth-Heinemann. Elsevier/Butterworth-Heinemann, Amesterdão; Boston, xv, 408 pp.

Haklay, M.M. e Tobon, C., 2003. Avaliação da usabilidade e PPGIS: Towards a Usercentered Design Approach. Revista Internacional de Ciência da Informação Geográfica, 17(6): 577-592.

Hartmann, J., Okada, N. e Levy, J.K., 2004. Estratégia Integrada de Gestão do Risco de Catástrofes para Prevenir a Exposição a Substâncias Perigosas devido à Inundação

Libertações despoletadas: um conceito para o Japão. Journal of Natural Disaster Science, 26(2): 87-93.

Centro de Engenharia Hidrológica do Corpo de Engenheiros do Exército dos EUA (HEC.), 2002. Manual do Utilizador do Sistema de Análise de Rios HEC-RAS Versão 3.1. CPD-68.

Hegyi Geomatics International Inc., 2004. Current Use and Potential for Visualization of Geo-spatial Data for Sustainable Development and Decision-making, Final Report Part I: NRCan Mandates and SDDM Activities, Ottawa.

Hickey, G.M. e Nitschke, C.R., 2005. Crossing Disciplinary Boundaries in Research: Um desafio internacional. Forestry Chronicle, 81(3): 321-323.

Hill, M.J., Braaten, R., Veitch, S.M., Lees, B.G. e Sharma, S., 2005. Multi-criteria Decision Analysis in Spatial Decision Support: the ASSESS Analytic Hierarchy Process and the Role of Quantitative Methods and Spatially Explicit Analysis. Environmental Modeling & Software, 20(7): 955-976.

Hoffmann, C., 1994. Uncertainty Risk Analysis and Risk Management. Allgemeine Forst Und Jagdzeitung, 165(12): 213-221.

Huang, B., Jiang, B. e Li, H., 2001. Uma Integração de SIG, Realidade Virtual e Internet para Visualização, Análise e Exploração de Dados Espaciais. Jornal Internacional de Ciência da Informação Geográfica, 15(5): 439-456.

Huang, B., Li, H.G. e Chandramouli, M., 2004. Visualização ambiental em tempo real com Web3D. Simulação de Condutores e Veículos, Desempenho Humano e Sistemas de Informação para Auto-estradas; Segurança Ferroviária; e Visualização nos Transportes (1899): 181-187.

Hwang, N.H.C. e Hita, C.E., 1987. Fundamentals of Hydraulic Engineering Systems. Prentice-Hall, Englewood Cliffs, N.J., xiv, 370 p. pp.

Hytonen, L.A., Leskinen, P. e Store, R., 2002. A Spatial Approach to Participatory Planning in Decision Making (Uma abordagem espacial do planeamento participativo na tomada de decisões). Scandinavian Journal of Forest Research, 17(1): 62-71.

Operadores Independentes do Mercado Elétrico (IMO.), 2004. agosto de 2003 Blackout - Relatório de Avaliação da Restauração, pp. 31.

Iwerks, G.S. e Samet, H., 2000. Visualization of Dynamic Spatial Data and Query Results Over Time in a GIS Using Animation (Visualização de Dados Espaciais Dinâmicos e Resultados de Consultas ao Longo do Tempo num SIG Utilizando Animação). Avanços em Sistemas de Informação Visual, Actas, 1929: 166-177.

Jones, C.B., Kidner, D.B., Luo, L.Q., Bundy, G.L. e Ware, J.M., 1996. Base de dados

Conceção de um sistema de informação espacial multi-escala. Revista Internacional de Sistemas de Informação Geográfica, 10(8): 901-920.

Kakhandiki, A. e Shah, H., 1998. Understanding Time Variation of Risk - Crucial Implications for Megacities Worldwide. Applied Geography, 18(1): 47-53.

Kakko, R. e Heino P., 1998. Risk Assessment Modeling and Visualization. Safety Science, 30(1998): 71-77.

Kayhko, N. e Skanes, H., 2006. Trajectórias de mudança e biótopos-chave - Avaliar a dinâmica e a sustentabilidade da paisagem. Landscape and Urban Planning, 75(3-4): 300-321.

Kearns, F.R., Kelly, M. e Tuxen, K.A., 2003. Everything Happens Somewhere: Using WebGIS as a Tool for Sustainable Natural Resource Management. Frontiers in Ecology and the Environment, 1(10): 541-548.

Kennedy, B., 1979. Hurricane Hazel. McMillan of Canada, Toronto, 179 pp.

Kennedy, H., 2001. The ESRI Press Dictionary of GIS Terminology. ESRI Press, Redlands, Califórnia, 116pp.

Khalil, W., Ali, H. e Abdalla, R., 2004. Needs Assessment for the Preparation of Municipal Emergency Management Program in Ontario, Conferência Mundial sobre Gestão de Catástrofes, Toronto (Poster).

Killian, L.M., 2002. Uma Introdução aos Problemas Metodológicos dos Estudos de Campo em Desastres. Em: International Research Committee on Disasters e Stallings (Editor), Methods of disaster research. Xlibris, Philadelphia, pp. 49-93.

Kiranoudis, C.T. et al., 2002. Um Centro Operacional para a Gestão de Acidentes Industriais Químicos Graves. Journal ofHazardous Materials, 89(2-3): 141-161.

Knebl, M.R., Yang, Z.L., Hutchison, K. e Maidment, D.R., 2005. Regional Scale Flood Modeling Using NEXRAD Rainfall, GIS, and HEC-HMS/RAS: a Case Study for the San Antonio River Basin Summer 2002 Storm Event. Journal of Environmental Management, 75(4): 325-336.

Kolodziej, K., 2003. OpenGIS Web Map Server Cookbook. Documento OGC Número: 03-050R1, 171 pp.

Korup, O., 2005. Avaliação do Risco Geomórfico de Barragens de Deslizamento de Terra em South Westland, Nova Zelândia: Fundamental Problems and Approaches. Geomorphology, 66(1-4): 167-188.

Kreuseler, M., 2000. Visualização de dados multidimensionais geograficamente relacionados em cenas virtuais 3D. Computers and Geosciences, 26(2000):

101-108.

Laben, C., 2002. Integração de Dados de Deteção Remota e Tecnologia de Sistema de Informação Geográfica para Gestores de Emergência e suas Aplicações no Centro de Desastres do Pacífico. Optical Engineering, 41(9): 2129-2136.

Ladner, R., Abdelguerfi, M. e Shaw, K., 2000. Mapeamento 3D de um ambiente sintético interativo. Computer, 33(3): 35-42.

Langran, G., 1992. O Tempo nos Sistemas de Informação Geográfica. Technical Issues in Geographic Information Systems. Taylor and Francis, Londres, Nova Iorque, Filadélfia, 189 pp.

Langran, G. e Christman, N.R., 1988. A Framework for Temporal Geographic Information. Cartographica, 25(3): 1-14.

Le Menach, A., 2005. Modelação da transmissão espacial e temporal: Identification of High-risk Areas. Veterinary Research, 36(5-6): 699-712.

Lee, J., 2004. 3D GIS for Geo-coding Human Activity in Micro-scale Urban Environments. Ciência da Informação Geográfica, Actas, 3234: 162-178.

Levy, J.K., 2005. Multiple Criteria Decision Making and Decision Support Systems for Flood Risk Management. Stochastic Environmental Research and Risk Assessment, 19 (6): 438 - 447.

Levy, J.K. e Gopalakrishnan, C., 2005. Promoting Disaster-resilient Communities: The Great Sumatra-Andaman Earthquake of 26 December 2004 and the Resulting Indian Ocean Tsunami. International Journal of Water Resources Development, 21(4): 543-559.

Levy, J.K., Gopalakrishnan, C. e Lin, Z.H., 2005. Advances in Decision Support Systems for Flood Disaster Management: Challenges and Opportunities. International Journal ofWater Resources Development, 21(4): 593-612.

Liang, T.G., Chen, Q.G., Ren, J.Z. e Wang, Y.S., 2004. A GIS-based Expert System for Pastoral Agricultural Development in Gansu Province, PR China. New Zealand Journal of Agricultural Research, 47(3): 313-325.

Longley, P.A., Goodchild, M.F., Maguire, D.J. e Rhind, D.W., 2005. Geographic Information Systems and Science. Wiley, 517pp.

Lu, X.L., 2005. Uma estrutura de plataforma de visualização de informações de saúde pública unificada baseada em Web GIS. Ciência Computacional e suas Aplicações - ICCSA 2005, Pt 3,3482:256-265.

Luo, W. e Wang, F.H., 2003. Measures of Spatial Accessibility to Health Care in a GIS Environment: Synthesis and a Case Study in the Chicago Region. Ambiente e Planeamento B-Planeamento e Design, 30(6): 865-884.

Ma, Z.M., 2005. Modelação de Informação de Engenharia em Bases de Dados: Necessidades e Construções. Industrial Management & Data Systems, 105(7): 900-918.

Magnusson, S.E., Frantzich, H. e Harada, K., 1996. Projeto de segurança contra incêndios baseado em cálculos: Análise de Incerteza e Verificação de Segurança. Fire Safety Journal, 27(4): 305-334.

Maguire, D.J., 1991. An Overview and Definition of GIS. Geographical Information Systems: principles and applications, 1. Longman Scientific & Technical, Essex, 9-20 pp.

Maguire, D.J., Batty, M. e Goodchild, M.F., 2005. GIS, Spatial Analysis, and Modeling (SIG, Análise Espacial e Modelação). ESRI Press, Redlands, Califórnia, xiii, 480 pp.

Mannisto, T., 2001. Múltiplos níveis de abstração na modelação de estruturas de produtos. Engenharia de dados e conhecimento, 36 (1): 55-78.

Mansourian, A., Rajabifard, A., Zoej, M.J.V. e Williamson, I., 2006. Using SDI and Web-based System to Facilitate Disaster Management (Utilização de IDE e de um sistema baseado na Web para facilitar a gestão de catástrofes). Computers & Geosciences, 32(3): 303-315.

Marti, J., 2005. Critical Linkage to Infrastructure Networks, Simpósio Anual do Programa Conjunto de Investigação sobre Interdependências de Infra-estruturas, Otava.

McBean, E., 2005. Resilience of Water Infrastructure and Health Response Systems Against Waterborne Diseases, Simpósio Anual do Programa de Investigação sobre Interdependências de Infra-estruturas Conjuntas, Ottawa.

McBean, G., 2005. The Science of Climate Change and how it will Affect Extreme Events, 15ª Conferência Mundial sobre Gestão de Catástrofes, Toronto, pp. 15.

McEntire, D.A., Fuller, C., Johnston, C.W. e Weber, R., 2002. A Comparison of Disaster Paradigms: The Search for a Holistic Policy Guide. Public Administration Review, 62(3): 267-271.

McKay, A., 1996. Uma estrutura para dados de produtos. IEEE Transactions on Knowledge and Data Engineering, 8 (5): 825-37.

Mennis, J.L. e Fountain, A.G., 2001. A Spatio-temporal GIS Database for Monitoring Alpine Glacier Change. Photogrammetric Engineering and Remote Sensing, 67(8): 967-975.

Mennis, J.L., Peuquet, D.J. e Qian, L.J., 2000. A Conceptual Framework for Incorporating Cognitive Principles into Geographical Database

Representation (Um quadro concetual para a incorporação de princípios cognitivos na representação de bases de dados geográficas). International Journal of Geographical Information Science, 14(6): 501-520.

Metternicht, G., Hurni, L. e Gogu, R., 2005. Remote Sensing of Landslides: An Analysis of the Potential Contribution to Geo-spatial Systems for Hazard Assessment in Mountainous Environments. Remote Sensing of Environment, 98(2-3): 284-303.

Mileti, D.S., 1999. Disasters by Design: A Reassessment of Natural Hazards in the United States. Natural hazards and disasters. Joseph Henry Press, Washington, D.C., xvii, 351 pp.

Montoya-Morales, A., 2002. Gestão de Desastres Urbanos: A Case study of Earthquake Risk Assessment in Cartago, Costa Rica. Tese de Doutoramento, Instituto Internacional para a Ciência da Geo-Informação e Observação da Terra (ITC), Enschede, Países Baixos.

Murthy, K.R., 2004. Disaster Management (Gestão de catástrofes). Dominant Publishers & Distributors, Delhi.

Nash, E., James, P. e Parker, D., 2005. A Model for Spatio-Temporal Network Planning (Um modelo para o planeamento de redes espácio-temporais). Computers & Geosciences, 31(2): 135-143.

Grupo Nacional de Planeamento de Contingências, Departamento da Defesa Nacional (NCPG-DND.), N.C.P.G., 2000. Canadian Infrastructures and their Dependencies (Infra-estruturas canadianas e suas dependências). NCPG-DND.

Newell, R.G., Theriault, D. e Easterfield, M., 1992. Temporal GIS - Modeling the Evolution of Spatial Data in Time (SIG Temporal - Modelação da Evolução dos Dados Espaciais no Tempo). Computers & Geosciences, 18(4): 427-433.

Newhall, C.G. e Hoblitt, R.P., 2002. Constructing Event Trees for Volcanic Crises (Construindo Árvores de Eventos para Crises Vulcânicas). Boletim de Vulcanologia, 64(1): 3-20.

Nielsen, F., 1994. Conceção e organização de bases de dados SIG. Curso de Formação em SIG para Gestão de Recursos e Planeamento do Desenvolvimento.

Nivolianitou, Z.S., Leopoulos, V.N. e Konstantinidou, M., 2004. Comparison of Techniques for Accident Scenario Analysis in Hazardous Systems (Comparação de Técnicas para Análise de Cenários de Acidentes em Sistemas Perigosos). Journal of Loss Prevention in the Process Industries, 17(6): 467-475.

Norris, F.H., 2006. Métodos de investigação sobre catástrofes: Past Progress and

Future Diretions. Journal ofTraumatic Stress, 19(2): 173-184.

Open Geospatial Consortium, Inc. 'OGC' , 2002a. Modelo de referência OpenGIS.

Open Geospatial Consortium, Inc. 'OGC' , 2002b. Web Feature Service Implementation Specification, Version 1.0.0, OpenGIS Implementation Specification 02-058.

Palm, R., Hodgson, M., Blanchard, R. e Lyons, D., 1990. Earthquake Insurance in California, Environmental Policy and Individual Decision-Making. Westview Press, Boulder, CO.

Peernboom, J., Fisher, R. e Whitfield, R., 2001. Recovering from Disruptions of Interdependent Critical Infrastructures, Workshop on Mitigating the Vulnerability of Critical Infrastructures to Catastrophic Failures, Alexandria, Virgínia.

Peuquet, D., 2001a. Making Space for Time: Issues in Space-Time Data Representation. Geoinformatica, 5(1): 11-32.

Peuquet, D.J., 1988. Representations of Geographic Space - Toward a Conceptual Synthesis (Representações do Espaço Geográfico - Para uma Síntese Conceptual). Annals of the Association of American Geographers, 78(3): 375-394.

Peuquet, D.J., 2001b. Making Space for Time: Issues in Space-time Data Representation. Geoinformatica, 5(1): 11-32.

Peuquet, D.J., 2002. Representation of Space and Time. The Guilford Press, Nova Iorque, Londres, 380 pp.

Peuquet, D.J., 2005. Secção temática sobre os avanços na análise e representação espácio-temporal. ISPRS Journal ofPhotogrammetry and Remote Sensing, 60(1): 12.

Peuquet, D.J. e Niu, D.A., 1995. An Event-Based Spatiotemporal Data Model (ESTDM) for Temporal Analysis of Geographical Data. Revista Internacional de Sistemas de Informação Geográfica, 9(1): 7-24.

Plewe, B., 1997. GIS Online: Information Retrieval, Mapping and the Internet. OnWord Press, 311pp

Departamento de Segurança Pública e Gestão de Emergências (PSEPC), 2004. Documento de posição sobre o Programa Nacional de Garantia das Infra-estruturas Críticas. PSEPC, pp. 29.

Departamento de Segurança Pública e Gestão de Emergências (PSEPC), 2005. Base de dados sobre catástrofes no Canadá. PSEPC.

Pundt, H. e Brinkkotter-Runde, K., 2000. Visualização de dados espaciais para

SIG de campo. Computers & Geosciences, 26(1): 51-56.

Quarantelli, E.L., 1993. Os desastres ambientais do futuro serão mais e

Worse but the Prospect Is Not Hopeless. Prevenção e Gestão de Desastres, 2(1): 11-25.

Quinn, T., Zhu, A.X. e Burt, J.E., 2005. Effects ofDetailed Soil Spatial Information on Watershed Modeling Across Different Model Scales (Efeitos da Informação Espacial Detalhada do Solo na Modelação de Bacias Hidrográficas em Diferentes Escalas de Modelos). International Journal of Applied Earth Observation and GeoInformation, 7(4): 324-338.

Rebolj, D. e Sturm, P.J., 1999. A GIS Based Component-oriented Integrated System for Estimation, Visualization and Analysis of Road Traffic Air Pollution. Environmental Modeling & Software, 14(6): 531-539.

Renger, R., Cimetta, A., Pettygrove, S. e Rogan, S., 2002. Geographic Information Systems (GIS) As an Evaluation Tool. American Journal of Evaluation, 23(4): 469-479.

Rinaldi, S., Peernboom, J. e Kelly, T.K., 2001. Identifying, Understanding and Analyzing Critical Infrastructure Interdependency, IEEE Control Systems Magazine, pp. 11-25.

Robert, B., 2005. Interdependencies and Domino Effects in Life-Supporting Networks, Simpósio Anual do Programa de Investigação sobre Interdependências de Infra-estruturas Conjuntas, Ottawa.

Rodda, H.J.E., 2005. The Development and Application of a Flood Risk Model for the Czech Republic (Desenvolvimento e aplicação de um modelo de risco de inundação para a República Checa). Natural Hazards, 36(1-2): 207-220.

Rodriguez, H., Trainor, J. e Quarantelli, E.L., 2006. Rising to the Challenges of a Catastrophe: The Emergent and Prosocial Behavior Following Hurricane Katrina. Annals of the American Academy of Political and Social Science, 604: 82-101.

Rubin, C.B., 2000. Emergency Management in the 21st Century: Coping with Bill Gates, Osama bin-Laden and Hurricane Mitch. Universidade do Colorado, Documento de Trabalho nº. 104.

Scawthorn, C., 2003. Earthquake Risk Management: Uma visão geral. Em: W.-F. Chen e C. Scawthorn (Editores), Earthquake Engineering Handbook. CRC Press, Nova Iorque.

Schneid, T.D. e Collins, L., 2001. Disaster Management and Preparedness (Gestão e preparação para catástrofes). Série de Segurança Ocupacional. Lewis Publishers, Boca Raton, Flórida, 247 pp.

Sellis, T., 1999. Questões de investigação em sistemas de bases de dados espácio-temporais. In: R.H. Guting, D. Papadias e F. Lochovsky (Editores), SSD'99. Springer Verlag, Berlin Heidelberg, pp. 5-11.

Shedlock, K.M. e Pakiser, L.C., 1995. Earthquakes. United States Geological Survey (USGS). http://pubs.usgs.gov/gip/earthq1/ (acedido em 15 de janeiro de 2003)

Short, J.F. e Clarke, L., 1992. Organizations, Uncertainties and Risk (Organizações, Incertezas e Riscos). Westview Press, Boulder, CO.

Siu, N., 1994. Risk Assessment for Dynamic-Systems - An Overview. Reliability Engineering & System Safety, 43(1): 43-73.

Smith, W.J., 2002. The Clearinghouse Approach to Enhancing Informed Public Participation in Watershed Management Utilizing GIS and Internet Technology. Water International, 27(4): 558-567.

Snead, D.B., 2000. Development and Application of Unsteady Flood Models Using Geographic Information Systems. Tese de Mestrado em Engenharia, Universidade do Texas em Austin, Austin.

Spery, L., Claramunt, C. e Libourel, T., 2001. Um modelo espácio-temporal para a manipulação de metadados de linhagem. Geoinformatica, 5(1): 51-70.

Stallings, R.A. e Comité Internacional de Investigação sobre Catástrofes, 2002. Methods of Disaster Research. Xlibris, Philadelphia, 524 pp.

Stefanakis, E. e Sellis, T., 1996. Towards the Design of A DBMS Repository for the Application of GIS, 18ª Conferência Cartográfica Internacional, Estocolmo, Suécia, pp. 2030-2037.

Storey, V.C., Thompson, C.B. e Ram, S., 1995. Understanding Database Design Expertise. Data & Knowledge Engineering, 16(2): 97-124.

Streeter, C., 1991. Disaster and Development: Disaster Preparedness and Mitigation as an Essential Component of Development Planning. Social Development Issues, 13(100-110).

Sugumaran, R., Davis, C., Meyer, J., Prato, T. e Fulcher, C., 2000. Ferramenta de apoio à decisão baseada na Web para a gestão de planícies aluviais utilizando DEM de alta resolução. Photogrammetric Engineering and Remote Sensing, 66(10): 1261-1265.

Suzuki, N. et al., 2004. Modelo de Destino Ambiental Multimédia Geo-referenciado (G- CIEMS): Formulação do Modelo e Comparação com o Modelo Genérico e Abordagens de Monitorização. Environmental Science & Technology, 38(21): 56825693.

Tao, C.V. e Yuan, S., 2000. GeoServNet, Renting GeoTools over the Internet.

GeoInformatics, 14 (12): 12-25.

Tate, E., 1999. Mapeamento de planícies de inundação usando HEC-RAS e ArcView GIS. Tese de Mestrado, Tese, Universidade do Texas, Austin, 120 pp.

Tierney, K.J., Lindell, M.K. e Perry, R.W., 2001. Facing the Unexpected: Disaster Preparedness and Response in the United States. Joseph Henry Press, Washington, D.C., xi, 306 pp.

Tobler, W., 1959. Automação e Cartografia. Geographical Review, 49: 526-534.

Traudeu, 2004. Relatório do Workshop sobre Interdependência de Infra-estruturas Críticas. PSEPC, pp. 65.

Toronto and Region Conservation Authority 'TRCA', 2004. Hurricane Hazel: 50 Years Later. Thin-Data. http://www.hurricanehazel.ca (acedido em 15 de fevereiro de 2006).

Uitto, J.I., 1998. The Geography of Disaster Vulnerability (A Geografia da Vulnerabilidade às Catástrofes). Geografia Aplicada, 18(1): 716.

Força-tarefa de interrupção do sistema de energia dos EUA e Canadá, 2004. Final Report on the August 14th Blackout in the United States and Canada (Relatório final sobre o apagão de 14 de agosto nos Estados Unidos e no Canadá). Departamento de Energia, pp. 156.

Universidade de Western Ontario. Departamento de Geografia, Geografia de Ontário. Departamento de Geografia da Universidade de Western Ontario, Londres, Ontário, pp. 39 no.

Verbyla, D.L., 2002. Practical GIS Analysis. Taylor and Frances, Londres e Nova Iorque.

Visser, U., Stuckenschmidt, H. e Schlieder, C., 2002. Interoperability in GIS - Enabling Technologies, 5ª Conferência AGILE sobre Ciência da Informação Geográfica, Palma (Ilhas Baleares, Espanha).

Wang, H.B., Liu, G.J., Xu, W.Y. e Wang, G.H., 2005. Avaliação do risco de deslizamento de terras com base em SIG: An Overview. Progress in Physical Geography, 29(4): 548-567.

Wang, J.L. et al., 2006. Estudo sobre a construção e aplicação de uma plataforma de visualização 3D para a bacia do rio Amarelo. Fronteiras da Investigação e Desenvolvimento em Www - APWEB 2006, Actas, 3841: 1053-1058.

Wang, X.Y., Qu, J.Y., Shi, Z.Q. e Ling, Y.S., 2003. GIS-based Prediction and Assessment System of off-site Accident Consequence for Guangdong Nuclear PowerPlant, 106(3): 257-262.

Water Survey Canada, 2004. Water Level and Streamflow Statistics. http://www.wsc.ec.gc.ca/staflo/index_e.cfm?cname=main_e.cfm. (acedido em 2 de março de 2005).

Waugh, W.L., 1995. Geographic Information-Systems-the Case of Disaster Management (Sistemas de Informação Geográfica - o caso da gestão de catástrofes).

Social Science Computer Review, 13(4): 422-431.

Whitman, R.V., 2000. Organizing and Evaluating Uncertainty in Geotechnical Engineering (Organização e Avaliação da Incerteza na Engenharia Geotécnica). Journal of Geotechnical and Geoenvironmental Engineering, 126(7): 583-593.

Wisner, B., 1995. Bridging "Expert" and "Local" Knowledge for Counter-Disaster Planning in Urban South Africa. GeoJournal, 37(3): 335-348.

Wisner, B. e Henry, R.L., 1993. Disaster Vulnerability: Scale, Power and Daily Life. GeoJournal, 30: 127-140.

Wright, R.M., Loveridge, R., Lam-Kulczak, D., Kuo, W. e Neptis Foundation, 2000. Evolving physical condition of the Greater Toronto Area: space, form and change. The Neptis Foundation, Toronto, pp5.

Xu, H. e Dugan, J.B., 2004. Combinando árvores de falhas dinâmicas e árvores de eventos para avaliação probabilística de riscos. Simpósio Anual de Fiabilidade e Manutenibilidade, 2004 Proceedings: 214-219.

Zerger, A. e Smith, D.I., 2003. Impedimentos à utilização do SIG para apoio à decisão em caso de catástrofe em tempo real. Computadores, Ambiente e Sistemas Urbanos, 27(2003): 123141.

Zhang, W., 2005. Simulation of Critical Infrastructure Networks, Simpósio Anual do Programa de Investigação sobre Interdependências de Infra-estruturas Conjuntas, Ottawa.

Zhou, S. e Jones, C.B., 2001. Conceção e implementação de bases de dados multi-escala. Avanços em bases de dados espaciais e temporais, Actas, 2121: 365-384.

Zimmerman, R., 2004. Decision-making and the Vulnerability of Interdependent Critical Infrastructure, 2004 IEEE International Conference on Systems, Man Cybernetics, pp. 4059-4063.

Apêndices

Apêndice A. Glossário de termos

ASCII Raster: Significa Código Padrão Americano para Intercâmbio de Informações. A norma de formato de *facto* para computadores e ficheiros de texto da Internet. O formato atribui um número binário de 7 bits a cada carácter alfanumérico ou especial e define 128 caracteres possíveis. Quando os dados raster são exportados para o formato ASCII, designam-se por ASCII raster (Kennedy 2001).

Dados de atributos: Dados tabulares ou textuais que descrevem as caraterísticas geográficas dos elementos geográficos (Kennedy 2001).

Cadastro: Um registo oficial das dimensões e do valor das parcelas de terra; utilizado para registar a propriedade e ajudar no cálculo dos impostos (Kennedy 2001).

Capacidade: Uma combinação de todos os pontos fortes e recursos disponíveis numa comunidade, sociedade ou organização que podem reduzir o nível de risco ou os efeitos de uma catástrofe (DHA 2000).

Gestão global das emergências (GEC): A GEC é um conceito que lida com o desenvolvimento de um acordo de gestão de emergências e catástrofes, a fim de abranger todos os aspectos de mitigação, preparação, resposta e recuperação (DHA 2000).

Infra-estruturas críticas: As instalações, redes e bens físicos e informáticos cuja perturbação ou destruição teria um impacto grave na saúde, segurança e bem-estar económico dos canadianos ou no funcionamento eficaz dos governos no Canadá" National Contingency Planning Committee, (NCPC-DND 2000).

Sistema de gestão de bases de dados (SGBD): Conjunto de aplicações informáticas utilizadas para criar e manter bases de dados de acordo com um esquema. Os sistemas de gestão de bases de dados fornecem ferramentas para acrescentar, armazenar, alterar, apagar e recuperar dados (Kennedy 2001).

Integridade dos dados: O grau em que os dados de uma base de dados são exactos e consistentes de acordo com o modelo e o tipo de dados (Kennedy 2001).

Modelo de dados: No SIG, uma construção matemática para representar objectos geográficos ou superfícies como dados (Kennedy 2001).

Esquema da base de dados: A estrutura ou conceção de uma base de dados ou de um objeto da base de dados, como uma tabela. Numa base de dados relacional, o esquema define as tabelas, os campos em cada tabela e as relações entre campos e tabelas (Kennedy 2001).

Tolerância da base de dados: As tolerâncias especificam o nível de erro aceitável associado a cada elemento espacial (Adam e Gangopadhyay 1997).

Modelo Digital de Elevação: A representação de valores contínuos de elevação sobre uma superfície topográfica através de um conjunto regular de valores z, referenciados a um datum comum. Os DEM são normalmente utilizados para representar o relevo do terreno (Kennedy 2001).

Centro de Operações de Emergência (COE): Um local centralizado a partir do qual as operações de emergência podem ser dirigidas e coordenadas (Molino 2006).

Classes de elementos geográficos: No ArcGIS, uma coleção de caraterísticas geográficas com o mesmo tipo de geometria (por exemplo, ponto, linha ou polígono), os mesmos atributos e a mesma referência espacial (Arctur e Zeiler

2004).

Conjuntos de dados de caraterísticas: No ArcGIS, uma coleção de classes de caraterísticas armazenadas em conjunto que partilham a mesma referência espacial; isto é, partilham um sistema de coordenadas, e as suas caraterísticas estão dentro de uma área geográfica comum. As classes de elementos geográficos com diferentes tipos de geometria podem ser armazenadas num conjunto de dados de elementos geográficos. (Arctur e Zeiler 2004b).

Linguagem de Marcação Geográfica (GML): Uma especificação de implementação OpenGIS concebida para armazenar e transportar informação geográfica. A GML é um perfil (codificação) da XML. (Kennedy 2001).

Perigo: Um acontecimento físico, fenómeno ou atividade humana potencialmente prejudicial que pode causar ferimentos ou perda de vidas, danos materiais, perturbações sociais e económicas ou degradação ambiental (DHA 2000).

Sistemas de Gestão de Incidentes: Um sistema utilizado para organizar a resposta a emergências. Oferece uma resposta escalável a incidentes de qualquer magnitude (Molino 2006).

Interoperabilidade: A capacidade dos componentes ou sistemas para trocar dados com outros componentes ou sistemas, ou para atuar em múltiplos ambientes. No SIG, a interoperabilidade é necessária para que um utilizador de SIG que utilize software de um fornecedor possa estudar dados compilados com software SIG de um fornecedor diferente (Kennedy 2001).

Metadados: Informação que descreve o conteúdo, a qualidade, o estado, a origem e outras caraterísticas dos dados ou de outros elementos de informação (Kennedy 2001).

Fase de atenuação do ciclo de gestão de catástrofes: Medidas estruturais e não estruturais adoptadas para limitar o impacto adverso dos perigos naturais, da degradação ambiental e dos perigos tecnológicos (DHA 2000).

Acoplamento de modelos: O processo de ligação de dois ou mais modelos, utilizando o resultado de um como entrada para o segundo. O acoplamento pode ser livre ou estreito (Longley et al. 2005).

Ontologia: Em informática, um modelo de dados que representa um domínio, detalhando as entidades que o compõem e as relações semânticas entre elas. As ontologias incluem geralmente indivíduos, classes, atributos e relações (Kennedy 2001).

Redes de Petri: As redes de Petri são uma linguagem formal e graficamente apelativa, adequada à modelação de sistemas com simultaneidade e partilha de recursos (Girault e Valk 2003).

Fase de preparação do ciclo de gestão de catástrofes: Actividades e medidas tomadas antecipadamente para assegurar uma resposta eficaz ao impacto dos perigos, incluindo a emissão de avisos atempados e eficazes e a evacuação temporária de pessoas e bens dos locais ameaçados (DHA 2000).

Modelo de dados raster: Uma representação do mundo como uma superfície dividida numa grelha regular de células. Os modelos raster são úteis para armazenar dados que variam continuamente, como uma fotografia aérea, uma imagem de satélite, uma superfície de concentrações químicas ou uma superfície de elevação (Kennedy 2001).

Fase de Recuperação do Ciclo de Gestão de Desastres: Decisões e acções tomadas depois de um desastre com vista a restaurar ou melhorar as condições de vida pré-desastre da comunidade atingida, enquanto encoraja e facilita os ajustamentos necessários para reduzir o risco de desastre (DHA 2000).

Sistemas de gestão de bases de dados relacionais (RDBMS): Um tipo de base de dados em que os dados são organizados numa ou mais tabelas. As tabelas estão associadas umas às outras através de campos comuns chamados chaves (Kennedy 2001).

Resiliência: A capacidade de um sistema, comunidade ou sociedade potencialmente exposta a perigos para se adaptar ao resultado, resistindo ou mudando a fim de alcançar e manter um nível aceitável de funcionamento e estrutura (DHA 2000).

Fase de Resposta do Ciclo de Gestão de Desastres: A fase de resposta do ciclo de gestão de desastres tem como objetivo prestar assistência imediata para manter a vida, melhorar a saúde e apoiar a moral da população afetada (DHA 2000).

Risco: A probabilidade de consequências prejudiciais (isto é, mortes, ferimentos), ou perdas esperadas (isto é, perdas e danos em bens, meios de subsistência, atividade económica ou ambiente) resultantes de interações entre perigos naturais ou induzidos pelo homem e condições vulneráveis (DHA 2000).

Análise espacial: O processo de examinar as localizações, atributos e relações de caraterísticas em dados espaciais através de sobreposição e outras técnicas analíticas, a fim de responder a uma questão ou obter conhecimentos úteis. A análise espacial extrai ou cria novas informações a partir de dados espaciais (Kennedy 2001).

Modelação espacial: Uma metodologia ou conjunto de procedimentos analíticos utilizados para obter informações sobre as relações espaciais entre fenómenos geográficos (Kennedy 2001). **Fluxo constante:** O fluxo constante descreve uma condição em que a profundidade e a velocidade num determinado local do canal não mudam com o tempo (Hwang e Hita 1987).

Normalização temporal: O processo de organização, análise e limpeza de dados para aumentar a sua utilidade para a utilização e partilha de dados. A normalização inclui normalmente a estruturação e o refinamento dos dados, a eliminação de redundâncias e erros, e a padronização, com base nos aspectos temporais dos dados (Verbyla 2002).

Rede Triangular Irregular (TIN): Uma estrutura de dados vectoriais que divide o espaço geográfico em triângulos contíguos, sem sobreposição. Os vértices de cada triângulo são pontos de dados de amostra com valores x, y e z. Estes pontos de amostragem são ligados por linhas para formar triângulos de Delaunay. Os TINs são utilizados para armazenar e apresentar modelos de superfície (Kennedy 2001).

Linguagem de Modelação Unificada (UML): Uma linguagem de modelação que utiliza uma série de diagramas para modelar os objectos de um sistema (France et al. 1998).

Modelo de dados vetorial: uma representação do mundo utilizando pontos, linhas e polígonos. Os modelos vectoriais são úteis para armazenar dados com limites discretos, tais como fronteiras de países, parcelas de terreno e ruas (Kennedy 2001).

Vulnerabilidade: As condições que aumentam a suscetibilidade de uma comunidade ao impacto dos perigos; estas condições são determinadas por factores ou processos físicos, sociais, económicos e ambientais (DHA 2000).

Serviço de cobertura da Web (WCS): O Web Coverage Service é uma especificação OGC para o fornecimento de dados de cobertura, vectoriais e/ou raster mais informação sobre atributos (OGC 2002a). **Web Feature Service (WFS):** O WFS permite o acesso uniforme a elementos geográficos armazenados num servidor. Utilizar o WFS quando se pretende realizar acções como consultar um conjunto de dados, recuperar elementos geográficos e adicionar elementos geográficos a um conjunto de dados (OGC 2002b).

Serviço de mapas Web (WMS): O serviço de mapas Web é uma especificação OGC que fornece quatro protocolos (GetCapabilities, GetMap, GetFeatureInfo e DescribeLayer) para apoiar a criação e a apresentação de vistas registadas e sobrepostas de informações semelhantes a mapas, provenientes simultaneamente de fontes múltiplas, tanto remotas como heterogéneas (Evans 2003).

Apêndice B. Questionário de análise operacional

Utilização da interoperabilidade SIG baseada na Web na coordenação da gestão de catástrofes

PARTE "A" - INFORMAÇÕES SOBRE O INQUIRIDO

1. Data:________________

2) Nome do inquirido: ____________________________

3. posição do inquirido: ____________________________

4. número de telefone do inquirido: ( ) -

5. número de fax do inquirido: ( ) -

6. endereço de correio eletrónico do inquirido: ___________

PARTE B - INFORMAÇÕES GERAIS DE CONTACTO

7. Nome completo da organização: ______________

8. acrónimo (também conhecido como): ________

9. Âmbito geográfico da atividade: Nacional () Provincial () Local () (especificar)

10. Website: ____________________________________

PARTE C - INFORMAÇÕES OPERACIONAIS PORMENORIZADAS

11. a) Ano de fundação da organização:

    b) Ano em que as tecnologias GIS foram introduzidas na organização:

12. GIS contacto da organização:

Nome: ________________

Posição: ______________________________

13. dimensão do departamento/divisão GIS:

14. instalações do departamento/divisão GIS:

15. Outro pessoal-chave das aplicações GIS:

Nome:Cargo:

Nome:Cargo:

Nome:Cargo:

16. Percentagem do seu financiamento anual total utilizado para ajuda de emergência do SIG:%

17) Assinale todas as fases em que a sua organização presta serviços de emergência.

Preparação ( ) Resposta ( ) Recuperação ( ) Mitigação ( )

18) Em qual dos seguintes serviços de emergência a sua organização utiliza o SIG?

Preparação ( ) Resposta ( ) Recuperação ( ) Mitigação ( )

19.

objectivos do SIG ou plano de desenvolvimento tecnológico (em 50 palavras ou menos, descrever os objectivos e o mandato ou missão da utilização do SIG na sua organização para a gestão de catástrofes e a preparação para situações de emergência). ....

....

....

....

....

....

....

....

....

....

....

....

....

20. Quais são os principais pacotes SIG que a sua organização está a utilizar?

SIG de secretária ( )   SIG baseado na Web ( )

21) Que pacote(s) de SIG de secretária, caso exista(m), está a sua organização a utilizar atualmente? ______________________________

22. Que pacote(s) SIG baseado(s) na Internet, caso exista(m), está a sua organização a utilizar atualmente?

____

____

PARTE D - PERGUNTAS FINAIS

23) Identifique se existem outros planos para utilizar o SIG baseado na Web na sua organização. ______________________________

24. ______________________________ A interoperabilidade SIG baseada na Web é importante para a sua organização?

____

25. Identifique / forneça exemplos de casos em que considera que a interoperabilidade SIG baseada na Web foi útil para a sua organização?

26) Se já utiliza um SIG baseado na Internet, com que frequência avalia o pacote atual? ______________________________

27) ______________________________ Que fontes de dados está a utilizar atualmente? ______________

28) Encontrou algum problema relacionado com o formato de dados SIG nativo que impeça a sua utilização? ________________________________

29. ____ Qual é a perceção da sua organização sobre o SIG baseado na Web? _______

____

30. ____ A sua organização está a utilizar ou planeia utilizar SIG 3D (especificamente SIG 3D baseado na Web)? ____

31. Qual é a perceção da sua organização sobre a visualização 3D?

32. A sua organização está a utilizar ou planeia utilizar a visualização 3D?

33) Em caso afirmativo, poderia dar alguns exemplos?

34. Pode dar um exemplo do tipo de questões e problemas com que se depara

quando lida com aplicações SIG para a gestão de catástrofes?

35. Pode dar alguns exemplos dos seus actuais projectos de gestão de catástrofes que utilizam SIG ou SIG baseado na Web?

36. Pode dar alguns exemplos dos seus projectos de gestão de catástrofes/resposta a emergências para os quais está a planear utilizar o SIG ou o SIG baseado na Web?

37) Como gestor de SIG, que tipo de assistência esperaria obter das universidades em termos de desenvolvimento de SIG para aplicações de gestão de catástrofes?

38. como gestor de GIS, que tipo de assistência esperaria obter das universidades em termos de desenvolvimento de GIS (Tecnologia e Metodologia) para aplicações de gestão de desastres?

39. Qual é o nível de coordenação entre o seu departamento e as organizações da sociedade civil que trabalham na vertente social da gestão de catástrofes e da ajuda de emergência?

40. As implicações sociais esperadas das catástrofes foram tidas em conta nos planos do seu departamento e, em caso afirmativo, qual o grau de envolvimento planeado pelo seu departamento?

OBRIGADO PELO VOSSO TEMPO E ASSISTÊNCIA

Apêndice C. Interdependência das infra-estruturas no apagão de agosto de 2003 no Sul do Ontário

O apagão de agosto de 2003 no Sul do Ontário foi um dos principais acontecimentos que trouxe para a ribalta a necessidade de interdependência das infra-estruturas no Canadá. Três relatórios importantes discutiram esta questão, nomeadamente U.S. Canada Power System Outage Task Force, (2004), De acordo com IMO, (2004) a sequência dos acontecimentos foi a seguinte:

1. Ago 14 @ 4:11 pm: Apagão.
2. ago 15 @ 5:20 am: Rede básica de alta tensão restabelecida.
3. ago 15 @ 6:26 pm: Todas as redes de alta tensão disponíveis foram restabelecidas.
4. ago 15 @ 22:40 pm: Todas as cargas ligadas foram restabelecidas.
5. Ago 17 @ 7:26 pm: Todas as ligações fora de Ontário foram restabelecidas.
6. ago 18 @ 10:00 am: O primeiro-ministro declara 50% de conservação.
7. Ago 22 @ 8:00 pm: O Primeiro-Ministro termina a emergência provincial.
8. ago 23 @ 00:00 am Retoma-se o funcionamento normal.

Interdependências e prioridades para a restauração

Bindley (2005) referiu que a primeira prioridade eram as refinarias de petróleo porque Ontário estava a ficar sem gasolina e gasóleo em termos de produção e entrega do gasóleo e da gasolina. Este combustível é importante e pode ser utilizado para transportes de emergência e geradores essenciais. Estas necessidades são constantes e não estão sujeitas a apagões rotativos. Os hospitais e as estações de tratamento de água são a segunda prioridade. As necessidades aqui permitem apagões rotativos. Alguns centros de comutação da Bell - geradores de reserva que estão a ficar sem combustível. Os geradores nucleares atraíram a atenção política pelo facto de alguns terem sido "envenenados" e exigirem testes e verificações exaustivos antes de voltarem ao funcionamento normal. Hospitais, estações de tratamento de água/esgotos; geradores de reserva inexistentes ou avariados, sem combustível. A indústria mineira também correu riscos com a queda de mineiros em poços.

A usabilidade do conceito LBII no cenário de apagão de agosto de 2003

Tal como referido no capítulo 5, o conceito LBII é muito eficaz para fornecer uma análise eficiente da interdependência setorial. Com a ajuda do conceito referido no capítulo 5, secções 5-1 e 5-2, **a figura C-l** destacará as etapas que podem ser utilizadas na utilização da LBII.

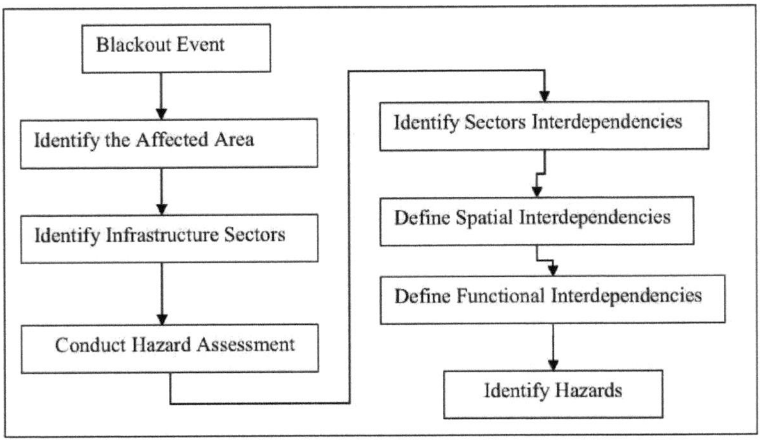

Figura C-l. O processo de realização da análise LBII para o evento de apagão em Toronto.

Apêndice D. Escala de intensidade de Mercalli modificada (MMI)

Intensity	Description of effects
I	Not felt except by a very few under especially favorable circumstances.
II	Felt only by a few persons at rest, especially on upper floors of buildings. Delicately suspended objects may swing.
III	Felt quite noticeably indoors, especially on upper floors of buildings, but many people do not recognize it as an earthquake. Standing motorcars may rock slightly. Vibration like passing truck. Duration estimated.
IV	During the day felt indoors by many, outdoors by few. At night some awakened. Dishes, windows, doors disturbed; walls make creaking sound. Sensation like heavy truck striking building. Standing motorcars rocked noticeably.
V	Felt by nearly everyone; many awakened; some dishes, windows, etc. , broken; a few instances of cracked plaster; unstable objects overturned; disturbances of trees, poles, and other tall objects sometimes noticed; pendulum clocks may stop.
VI	Felt by all; many frightened and run outdoors. Some heavy furniture moved; a few instances of fallen plaster or damaged chimneys. Damage slight.
VII	Everybody runs outdoors. Damage negligible in buildings of good design and construction; slight to moderate in well-built ordinary structures; considerable in poorly built or badly designed structures; some chimneys broken. Noticed by persons driving motorcars.
VIII	Damage slight in specially designed structures; considerable in ordinary substantial buildings, with partial collapse; great in poorly built structures. Panel walls thrown out of frame structures. Fall of chimneys, factory stacks, columns, monuments, and walls. Heavy furniture overturned. Sand and mud ejected in small amounts. Changes in well water. Disturbs persons driving motorcars.
IX	Damage considerable in specially designed structures; well-designed frame structures thrown out of plumb; great in substantial buildings, with partial collapse. Buildings shifted off foundations. Ground cracked conspicuously. Underground pipes broken.
X	Some well-built wooden structures destroyed; most masonry and frame structures destroyed with foundations; ground badly cracked. Rails bent. Landslides considerable from riverbanks and steep slopes. Shifted sand and mud. Water splashed over banks.
XI	Few, if any, (masonry) structures remain standing. Bridges destroyed. Broad fissures in ground. Underground pipelines completely out of service. Earth slumps and land slips in soft ground. Rails bent greatly. Damage total. Waves seen on ground surfaces. Lines of sight and level distorted. Objects thrown upward into the air.
XII	Total damage and catastrophic destruction of structures. Objects are thrown into the air. Moving waves are observed to travel across the earth's surface.

(segundo Shedlock e Pakiser 1995)

MIX
Papier aus verantwortungsvollen Quellen
Paper from responsible sources
FSC® C105338

Printed by Books on Demand GmbH, Norderstedt / Germany